GTB
Gütersloher Taschenbücher
1408

Pinchas Lapide

Ist das nicht Josephs Sohn?

Jesus im heutigen Judentum

Gütersloher Verlagshaus

Die Deutsche Bibliothek – CIP-Einheitsaufnahme

Lapide, Pinchas:
Ist das nicht Josephs Sohn?: Jesus im heutigen Judentum /
Pinchas Lapide. – 5. Aufl. – Gütersloh:
Gütersloher Verl.-Haus, 1999
   (Gütersloher Taschenbücher; 1408)
   ISBN 3-579-01408-0
NE: GT

ISBN 3-579-01408-0

5. Auflage, 1999
Lizenzausgabe mit freundlicher Genehmigung des
Calwer Verlags, Stuttgart, und Kösel-Verlags GmbH & Co., München
© Calwer Verlag, Stuttgart, und Kösel-Verlag GmbH & Co., München, 1976

Das Werk einschließlich aller seiner Teile ist urheberrechtlich geschützt.
Jede Verwertung außerhalb der engen Grenzen des Urheberrechtsgesetzes
ist ohne Zustimmung des Verlages unzulässig und strafbar. Das gilt
insbesondere für Vervielfältigungen, Übersetzungen, Mikroverfilmungen und die
Einspeicherung und Verarbeitung in elektronischen Systemen.

Umschlagentwurf: Dieter Rehder, Aachen
Gesamtherstellung: Clausen & Bosse, Leck
Gedruckt auf chlorfrei gebleichtem Werkdruckpapier
Printed in Germany

Inhalt

Vorwort von Franz Mußner
    7

Anstatt einer Einleitung
    11

Jesus in der hebräischen Literatur
    13

Jesus in israelischen Schulbüchern
    47

Rabbinen über Jesus
    81

Vorwort

Wir Christen leben, besonders in Deutschland, von einer belastenden und leidvollen Erinnerung. Wir erinnern uns des furchtbaren Verbrechens, das in der Zeit der Naziherrschaft den Juden angetan worden ist: Sechs Millionen sind in Auschwitz, Theresienstadt und anderswo auf verbrecherische Weise ums Leben gekommen. Wenn wir auch wissen, daß die Vergaser und Ofenheizer in den Konzentrationslagern und ihre ideologischen Antreiber, die »Schreibtischmörder«, keine Christen waren, sondern den christlichen Namen verleugneten und geschworene Feinde der Kirche und ihres Stifters waren, so wissen wir dennoch auch, daß in den Jahrhunderten zuvor die Juden häufig im Namen Jesu Christi verfolgt worden sind. Jetzt fragen wir Christen nicht bloß: Wie war dieses verbrecherische Tun möglich?, sondern wir fragen auch: Wer sind die denn eigentlich, denen soviel Unrecht im Verlauf der Geschichte angetan worden ist? Wer sind denn eigentlich diese Juden? Und war denn nicht auch Jesus, der Stifter der Kirche, ein Jude, und waren nicht auch seine Mutter und seine Apostel Juden? Und so schauen wir Christen mit neuen Augen auf die Juden und erinnern uns endlich, daß Paulus Israel doch als »die Wurzel« bezeichnet hat, die die Kirche trägt (Röm 11,17 f.).
Zugleich vollzieht sich vor unseren Augen ein eigenartiger Vorgang: Auch die Juden erinnern sich daran, daß Jesus von Nazaret ja selbst ein Jude war, und sie denken über das Judesein Jesu intensiv nach. Juden erkennen in Jesus den »jüdischsten aller Juden« (J. Klausner) und ihren »größeren Bruder« (M. Buber). Und die Juden kehren in das Land ihrer Väter zurück. Es gibt einen Staat »Israel«. Sie kehren in das Land zurück, das auch das Heimatland Jesu war, in dem er mitten in seinem Volk gewirkt hat und gestorben ist. Was ist es eigentlich mit diesem Jesus, »jenem Mann«, der aus unserer Mitte hervorge-

gangen und in aller Welt Mund ist? Das ist die Frage der Juden.

Pinchas Lapide, selbst überzeugter Jude, untersucht in dem vorliegenden Buch die aufmerksame Hinwendung jüdischer Dichter und Forscher zu Jesus von Nazaret und die Meinungen bedeutender Rabbiner aller Schulen und Richtungen über ihn. Mit besonderem Interesse liest der christliche Leser auch, was heute im israelischen Unterricht über Jesus gelehrt wird. Auch hier ist die Skala sehr breit; sie reicht von wenigen Zeilen bis zu großen Passagen.

Was mag es in ökumenischer Hinsicht bedeuten, wenn viele Juden heute ihre Aufmerksamkeit Jesus von Nazaret zuwenden? Lapide nennt als Ziel den »sachlich geprägten Glaubensdialog«. Es geht um den Glaubensdialog zwischen Juden und Christen über Jesus von Nazaret. Der Jude hat aufgrund seiner Traditionen eine natürliche Affinität zum Judesein Jesu. Die jüdische Leben-Jesu-Forschung gräbt aus dem Evangelium Schichten aus, die Christen lange Zeit aufgrund ihrer Nichtkenntnis der jüdischen Quellen als »typisch christlich« betrachteten, während sie in Wirklichkeit typisch jüdisch sind. Der Jude vermag dem Christen so die Augen für das Judesein Jesu zu öffnen, so daß der Christ nicht bloß in Jesus von Nazaret den »großen Bruder« der Juden erkennt, wie diese selbst, sondern auch sich als den Bruder der Juden, der er immer hätte sein sollen. Lapides instruktiver Bericht hilft also entscheidend mit, daß der Glaubensdialog zwischen Juden und Christen über Jesus endlich »sachlich geprägt« ist. Der Christ kann jetzt nicht mehr Jesus von Nazaret für sich reservieren, er muß ihn mit dem Juden teilen. Jesus wird so zum großen »feed-back«, zur »Rückkoppelung« der Kirche an das Judentum, aus dem Jesus hervorgegangen ist. Er wird zur Brücke, auf der sich Juden und Christen begegnen können, endlich nicht mehr als Feinde, sondern als Brüder und Versöhnte, die sich die Hand reichen, zum Heil der »Wurzel« und der »aufgepfropften Zweige.«

Ein »sachlich geprägter Glaubensdialog« respektiert die Glaubensüberzeugung des andern. Zu diesem Respekt gehört von christlicher Seite vor allem dies, daß der Christ Verständnis haben muß, wenn der Jude zwar Jesus »entdeckt«, sich jedoch nicht zur »Christologie« bekennen kann. Jeder Glaubensdialog stößt auf unüberschreitbare Grenzen, insbesondere der jüdisch-christliche. Nur wenn der Glaubensdialog von solchem Respekt getragen ist, ist er wahrhaft Dialog zwischen Brüdern.

Franz Mußner

Anstatt einer Einleitung

Drei Gründe machen einen christlich-jüdischen Dialog heutzutage dringlicher und aussichtsreicher denn je:
Erstens: Weil es einen ehrlichen Dialog zwischen den Brüdern Jesu und seinen Jüngern noch gar nicht gegeben hat. Zur Zeit des Urschismas, als sich die Heidenkirche von ihrer jüdischen Mutter lossagte, schrie und schmähte man in beiden Lagern, mit all der Vehemenz eines echten Bruderzwistes. Später verketzerte man einander, knüpfte das eigene Heil an das Unheil des anderen, aus Kleingläubigkeit wurde der Andersgläubige zum »Ungläubigen« verteufelt – bis schließlich Kain und Abel zum traurigen Vorbild der sogenannten Disputationen wurden: Nicht *wer* Gott mehr liebt, sondern *wen* Gott angeblich mehr liebe, wurde zum Streitgrund, der zum Brudermord führte. Und schließlich kam es zur Sprachlosigkeit – über Trivialitäten redete man schon, doch nicht über die ersten und letzten Dinge. Da »der andere« ohnehin zur Heillosigkeit prädestiniert war und man ja alle Antworten auf die Gottesfragen wußte, war jedes Gespräch so unnütz wie überflüssig.
Erst seit jener Ökumene des Todes, die während der finsteren Jahre des Kain-Regimes die Besten in beiden Lagern dahinraffte, gibt es bescheidene, aber ernsthafte Ansätze zum wahren Gespräch.
Zweitens: Weil heute gläubige Juden und Christen zwei Inseln geworden sind, um die ein Meer von Apathie, Materialismus und Atheismus brandet. Ein Meer, das immer stürmischer wird und die beiden Glaubensinseln zu überfluten droht.
Drittens: Weil wir Juden und Christen zutiefst verbrüdert sind, so tief, daß wir zwei Jahrtausende lang vor lauter Bäumen der Theologie den Wald der Bruderschaft übersehen haben – eine geistige und seelische Verwandtschaft, die viel tiefer greift als Dogmatik, Exegese und Hermeneutik.

Brüder in zwölffacher Wahlverwandtschaft sind wir:
- Im Glauben an den Einen Vater-Gott;
- In der Hoffnung auf Sein Heil;
- Im Unwissen über Seine göttlichen Wege;
- In der Demut vor Seiner Allmacht;
- Im Wissen, daß wir ihm gehören; Er nie uns;
- In der Liebe und der Ehrfurcht vor Gott;
- Im Zweifel über unsere wackelige Treue;
- Im Paradox, daß wir Staub und dennoch Gottes Ebenbilder sind;
- Im Bewußtsein: Gott will uns als Partner zur Heiligung der Welt;
- Im Verdammen aller Selbstherrlichkeit, die zum Heilchauvinismus führt;
- In der Überzeugung, daß Gottesliebe ohne Nächstenliebe hinkt;
- In der Erkenntnis, daß alles Reden von Gott ein hilfloses Stammeln unterwegs zu Ihm bleibt.

Dem wahren Zwiegespräch, in dem keiner recht hat, keiner siegt noch den anderen bekehrt, aber beide voneinander lernen, ist dieses Buch gewidmet.

Jesus in der hebräischen Literatur

Auf hebräisch, höchstwahrscheinlich in Jerusalem, entstand die erste Literatur über Jesus – eine Sammlung von Sprüchen, die vielleicht einer der Jünger schriftlich festhalten wollte, um sie vor möglichen Entstellungen der mündlichen Überlieferung zu bewahren; oder auch ein Urevangelium, das die Frohbotschaft des Rabbis von Nazaret allen seinen Glaubensgenossen zugänglich machen sollte. Genaues wissen wir nicht.
Sicher ist, daß alle vier griechischen Evangelien deutliche Spuren eines hebräischen Urtexts in ihrem Sprachschatz, ihrer Grammatik, Syntax, Semantik und in ihrer theologischen Struktur aufweisen; deshalb kann die Existenz eines »Hebräerevangeliums«, wie es nicht weniger als zehn Kirchenväter bezeugen[1], nicht mehr ernstlich in Zweifel gezogen werden.
Hebräische Literatur über Jesus gibt es dann erst wieder in unserem Jahrhundert – im selben Lande Israel, geschrieben von Nachkommen derselben Söhne Israels, die einst der ursprüngliche Adressat aller Predigten des Nazareners waren. Was in den fast zwei Jahrtausenden, die zwischen diesen beiden Epochen liegen, alles geschehen ist, füllt ein großes Kapitel der Weltgeschichte, zu der auch die Kirchengeschichte gehört: Wie nämlich aus einem jüdischen »Weg« eine Sekte aus Juden und Heiden und schließlich eine weltumfassende Heidenkirche wurde. Es ist eine blutdurchtränkte Leidensgeschichte ohnegleichen, an deren Anfang jener am Kreuz verblutende und auf-

---

[1] Die Kirchenväter: Papias (Eusebius, Hist. Eccl. III, 39,1); Irenaeus (a.a.O. V, 8,2); Hegesippus (a.a.O. IV, 22,4); Hieronymus (Contra Rufinum VII, 77; De vir. ill. II; In Matt 6,11; In Ezech 18,7; Adv. Pel. III, 2 et al); Origenes (in Matt XV, 14); Epiphanius (Panarion I, 29,7 und 9); Theodoret von Cyrus (Haer. Fab. II, 1); Nicephorus Callistus (Eccl. Hist. III, 13); Clemens von Alexandrien (Strom. II, IX, 45,5); Pantaenus (Eusebius a.a.O. V, 10,3).

erstandene Rabbi aus Nazaret steht – ein personhaftes Symbol für ganz Israel, das gepeinigt und verhöhnt, gehaßt und ermordet wurde, um neu in unseren Tagen aufzuerstehen, dort, wo es einst zum Volk der Bibel geworden war.
Der Laureat der neuhebräischen Poesie, Chaim Nachman Bialik (1873–1934), sah Jesus schon nicht mehr im Licht der herkömmlichen Theologie, sondern schrieb ihm eine Schlüsselrolle in seiner Gesamtschau der jüdischen Heilsgeschichte zu, auf der sein zionistisches Credo fußt:
»Dieses Land ist mit einer besonderen Gabe begnadet worden – kleine Dinge in der Späte der Tage in große zu verwandeln. Vor rund vier Jahrtausenden sammelten sich hier Scharen von Wanderhirten aus Ur in Chaldäa, Aram, Ägypten und der Westarabischen Wüste. Aus ihnen erwuchs ... ein kleines Volk, arm und dürftig zu jener Zeit – das Volk Israel ... In ihm erstanden einfache Männer, Schafzüchter, Bauern und Pflanzer wie ihre Brüder, die den Sturm des göttlichen Geistes in ihren Herzen und Gottes Donner und Brausen auf ihren Lippen trugen. Diese demütigen Männer, die zu Machthabern und Völkern von der Geschichte ihrer Zeiten und von den Tagessorgen des Menschen sprachen, wagten es, den Blick in die Ewigkeit, den Himmel und das Weltall zu erheben. Sie waren es letztlich, die der Welt die Fundamente des Glaubens und eine ethische Kultur gaben. Über Hunderte von Geschlechtern hinweg, über die Häupter von Nationen hinweg, die die Weltbühne erstiegen und wieder verlassen haben, erreicht uns ihre Stimme immer noch. Heute klingt sie durch die Allmacht Gottes stärker, erhabener und volltönender als je zuvor ... Nach der Verkündigung des Cyrus zogen Zehntausende von Verbannten hinauf und kehrten in dieses dürre Land zurück. Wiederum wurden sie zu einer kleinen, armseligen Gemeinde, kleiner und ärmer als die erste. Kaum drei Jahrhunderte gingen vorüber, da stand in diesem kleinen Land ein anderer Jude auf, der Sohn eines israelitischen Zimmermanns, der die Botschaft der Erlösung in die Heidenwelt brachte, um den Weg zu bereiten für die Tage des Messias ... Zwei Jahrtausende sind seither vergangen, aber die Götzen sind noch nicht vom Antlitz der Erde gewichen.

Und dann kam die Balfour-Deklaration. Zum dritten Mal sammelt sich Israel in seinem Land. Wahrlich, nicht umsonst hat die Hand Gottes dieses Volk viertausend Jahre lang durch alle Pein der Hölle geführt, um es nun zum drittenmal in dieses Land zurückzubringen.«[2]

Das erste hebräische Jesusbuch neuerer Zeit stammt aus der Feder eines bekannten jüdischen Historikers, Joseph Klausner, der es hauptsächlich für seine Studenten an der Hebräischen Universität zu Jerusalem verfaßte[3].

»Wenn es mir gelingen sollte«, schrieb er im Vorwort zur Erstausgabe, »dem hebräischen Leser ein tatsächliches Bild des historischen Jesus zu übermitteln, das sich sowohl von seiner Darstellung in der christlichen als auch in der jüdischen Theologie unterscheidet und das so weit als möglich objektiv und wissenschaftlich bleibt ... wenn mir dies gelingt, darf ich das Bewußtsein haben, ein Blatt in der Geschichte Israels ausgefüllt zu haben, das bisher fast ausschließlich von Christen beschrieben worden ist.«

Klausner betont vor allem den jüdischen Grundcharakter Jesu und seiner Lehre:

»In allen seinen Handlungen und Ansichten war Jesus ein Jude. Er erfüllte alle Gebote wie ein frommer Israelit, er sah in Gott seinen Vater im Himmel, erbarmte sich der Armen, stützte die Strauchelnden und liebte die Bußfertigen, an deren Stelle selbst vollkommen Gerechte nicht stehen dürfen, wie ein talmudischer Ausspruch besagt. Er war auch mit den typischen Fehlern der Juden behaftet: Nie sah er das Erhabene und Schöne in der Natur, und er lächelte niemals. Unter Tränen, Drohungen und Verheißungen übte er sein Lehramt aus ... Jesus war der jüdischste aller Juden; jüdischer sogar als der große Lehrer Hillel.«

Die eigentliche Stärke Jesu sieht Klausner in seiner Ethik, deren Grundlinien schon in der jüdischen Tradition zu finden sind:

[2] Ch. N. Bialik, »Debarim Sheb'al Peh«, Tel Aviv 1935, Band I, S. 54 f.
[3] Joseph Klausner, »Jeschu Ha-notzri« (Jesus der Nazarener), Jerusalem 1922.

»Es gibt kein ethisches Konzept in den Evangelien, das nicht auf Moses und die Propheten zurückgeführt werden kann.«
Beraubt das Jesus aller Originalität? Bei weitem nicht! Jesu Sondergut sei die Weiterführung des biblischen Ethos bis hin zur Utopie, die einseitige Betonung der Moral zuungunsten des Rechtes (Halacha), eine Überbetonung der Moral überhaupt, die bewußt die soziale Umwelt in den Hintergrund drängt, alles Volkhafte vernachlässigt und die Gefahr heraufbeschwört, die kategorischen Imperative in Schwärmerei versinken zu lassen.
»Das Judentum ist weder nur Religion noch nur Ethik, sondern die Summe aller Bedürfnisse eines Volkes, die sämtlich auf religiöser Grundlage ruhen – also eine nationale Weltanschauung auf religiös-ethischer Basis.«
Jesu Überforderung der menschlichen Natur durch Normen, wie sie nur Engel erfüllen können, findet in der christlichen Praxis ihr klägliches Gegenstück:
»Wo finden wir hier Sanftmut, Verzeihung, siebzig und siebenmal, Feindesliebe und das Hinreichen der anderen Wange?« ist Klausners leidgeprüfte Frage. Seine unvermeidliche Schlußfolgerung:
»Jesu Lehre und seine Geschichte sind niemals ein Teil von Israel geworden, aber für die übrige Völkerwelt ist er in der Tat ›ein Licht für die Heiden‹ geworden.«
Zu Jesu Selbstverständnis meint Klausner: »Jesus war von seiner eigenen Messianität überzeugt. Daran kann kein Zweifel sein. Sonst wäre er nichts weiter als ein übler Schwindler und Betrüger, hätte nicht die Weltgeschichte beeinflussen und eine neue Religion ins Leben rufen können, die nun bald zweitausend Jahre besteht.«
Doch hat dies nichts mit einer Vergöttlichung Jesu zu tun, denn, wie der Nazarener wußte: »Auch der jüdische Messias ist nur ein Sterblicher unter Mitmenschen ... Die wahre Erlösung kann nur Gott bewirken. Der Messias ist lediglich sein auserkorenes Werkzeug zur Verwirklichung des Heilsplanes.«
Und dennoch fällt es Klausner schwer, ganz auf Jesus zu verzichten. Im letzten Kapitel seines Werkes lesen wir:
»Wenn jemals der Tag kommen solle, an dem das ethische Ge-

setzbuch des Nazareners von den Mythologien, Mirakeln und Mystizismen, die es einhüllen, befreit wird, dann wird das ›Buch der Ethik Jesu‹ eines der kostbarsten Schätze der israelischen Literatur werden.«

Viele der jüdischen Pioniere aus Osteuropa, die aus kleinen Dorfgemeinden in Polen und der Ukraine kamen, um im Land der Bibel einen Judenstaat zu bauen, kannten Jesus nur als hölzernes Kruzifix am Wegrand oder Kreuzweg. So schreibt Isaak Dov Berkowitz (1885–1961) in seinen »Kindheitserinnerungen«[4] von einem Kruzifix, das am Weg zur Synagoge stand:
»Allen jüdischen Kindern wurde aufs strengste eingeschärft, sich völlig abzuwenden, um auf keinen Fall die Augen mit dem Götzenbild zu besudeln ... Eines Tages konnte ich der Versuchung nicht mehr widerstehen. Als ich den gefährlichen Ort erreicht hatte, nahm ich mein Leben in beide Hände, drehte mich um und blickte auf die nackte Gestalt des Mannes am Kreuz. Der Eindruck war ... unheimlich, erschreckend in seiner Fremdheit. Ich sah den müden Kopf auf die bleiche Schulter fallen, die Lenden mit einem Tuch umwunden, die dünnen Beine schlaff herunterhängen, geschlossene Augen, die das Leben vergessen hatten und kein Licht mehr sahen. Ich schaute voll Verwunderung: Was soll das bedeuten? Ist er das? ... Aber da kam ein Bauer auf seinem Pferdekarren vorüber, hielt an und bekreuzigte sich. Als er mich dastehen sah, verfinsterte sich sein Antlitz, er stieß einen Fluch aus und schlug mit der Peitsche nach mir. Ich rannte davon, so rasch ich konnte, verfolgt von einer dunklen Angst ...«

Der Hitlersche Völkermord hat das Jesusbild der hebräischen Literatur in vierfacher Hinsicht beeinflußt:
– Als Gegengewicht zum Tränenmeer von Auschwitz suchte man Zuflucht in einem sachlichen, wissenschaftlichen Nazarenerbild, jenseits aller Leidenschaften und Emotionen.

[4] Tel Aviv 1965.

- Die Gestalt Jesu wurde vermenschlicht, fern aller Vergöttlichung in den christlichen Kirchen und ebenso fern aller Verteufelung, wie sie in den Schmähschriften des jüdischen Mittelalters vorkommen. Diese Autoren suchen weder den Gottessohn der Evangelien noch den ketzerischen Volksverführer des Talmuds, sondern den Menschenbruder, der einer Welt voll Unmenschlichkeit ein vorbildliches Judesein vorgelebt hat.
- Doch auch die Antithese zu diesem »Bruder Jesus« ist in der israelischen Literatur hie und da zu hören. Genauso wie noch allzu viele Christen »Judas« mit »Judentum« assoziieren, können viele Überlebende der »Endlösung« den Christus nicht von einer Christenheit trennen, die sechs Millionen Judenmorde begangen oder zugelassen hat. Ihr literarisches Zerrbild grenzt oft an Christushaß – obwohl im Grunde nur ein Massenmord-Trauma literarisch abreagiert wird.
- Doch im großen ganzen kommt es zu einer – noch immer fortschreitenden – Heimholung Jesu, die ihn ehrenvoll und heldenhaft in den Massengräbern der Naziopfer oder in den Reihen der Widerstandskämpfer verewigt. Der gläubige Eifer des Nazareners, seine unerschütterliche Hoffnungskraft, die tiefe Liebe, die er für Israel hegte, und sein tragischer Tod haben ihn, über alle Mauern und Gräben hinweg, vielen Denkern und Dichtern im heutigen Israel teuer gemacht.

Gemeinsam ist allen diesen Versuchen ein wachsendes Einfühlungsvermögen in das Leben und Sterben des Galiläers, ein Mitgefühl, das oft von Liebe kaum zu unterscheiden ist – und ein Bewußtsein brüderlicher Schicksalsgemeinschaft, das sogar in den Christus-feindlichen Werken noch durchschimmert.

Typisch für die »Anti-Jesuaner«, für die Auschwitz das Bindeglied zwischen Kirchenkreuz und Hakenkreuz darstellt, ist der israelische Schriftsteller Schin Schalom (1904–1973), der in seinem »Galiläischen Tagebuch« [5] schreibt:

»Ich kenne Galiläa, wie der Mensch seine eigene Seele kennt. Ich kenne seine wilden Felsenschluchten, seine verborgenen

---

[5] Deutsche Ausgabe: Heidelberg 1954.

Quellen, seinen großen klaren Himmel ... doch Einen gibt es in Galiläa, von dem ich nichts weiß, nach dem ich nie gefragt habe. Sein Dasein ist für mich wie eine offene Wunde, an die man nicht rührt, an die man nicht zu denken versucht. Stille! Nur nicht daran erinnern ... Wenn ich in dem drohenden Gebirge, das man Nazaret nennt, seine schmerzverzogenen Augenbrauen zu sehen meinte, so schloß ich meine Augen. Auf meine Lippen durfte sein Name nicht kommen. Ich fluchte nicht, ich segnete nicht. Ich schwieg ... Doch manchmal stieg aus dem Schweigen eine Stimme zu mir auf, die Stimme eines verlorenen Bruders, die Stimme eines Menschen, der von der Bahn abgewichen ist, sich zu den Fremden verirrt hat, der zugleich seine Schuld bekennt und Anklage erhebt, der zurückkehren will, wenn man ihm liebend entgegenkommt, damit man in sein Ohr nur das eine Wort flüstert: Bruder! In jener Stunde bot ich alle meine Hilfstruppen auf, alle bitteren Erinnerungen meines Lebens und alle schrecklichen Erfahrungen in der Geschichte meines Volkes, auf daß sich dieser Mann nicht durch sein Bekenntnis vor mir reinwasche. Aus dem Abgrund der Vergessenheit heraus brachte ich alle Inquisitionsfoltern, alle Metzeleien der Pogrome, alle Morde der heiligen Kreuzzüge, alle Schläge, die wir von den Trägern seines Namens hinnehmen, alle Schmach, die wir von den Hütern seiner Lehre erdulden mußten. Die endlose Kette der Generationen von Märtyrern und Gefolterten, die Heerscharen der ruhelos umherwandelnden, verachteten, gehetzten, von Gefängnis zu Gefängnis, von Greuel zu Greuel gejagten jüdischen Brüder – sie alle mußte ich in breiter Front gegen ihn aufmarschieren lassen, um von ihnen die Kraft zu schöpfen, ihn zum Schweigen zu bringen, ihn sich selbst zu überlassen, ihn mit beiden Händen von mir zu stoßen – diesen einstigen Bruder, den Tischlersohn aus Galiläa.«

André Schwarz-Bart, ein junger französischer Jude, der seine Familie in den Gaskammern verlor, setzt in seinem Roman »Der Letzte der Gerechten« ein unvergeßliches Mahnmal für alle jüdischen Märtyrer. Das Meisterwerk, das seinem Autor

im Jahre 1967 den »Jerusalempreis« einbrachte, wurde alsbald ins Hebräische (und 14 andere Sprachen) übersetzt, wo es bis heute Schule macht. In einem Zwiegespräch zwischen zwei jungen todgeweihten Juden – Ernie und seiner Verlobten Golda – heißt es da:
»Du kennst sie doch«, sagte Golda. »Sag mir, warum die Christen uns so schrecklich hassen. Sie sind doch nett, wenn ich sie ohne den Davidsstern anschauen darf.«
Ernie legte feierlich seinen Arm um ihre Schultern: »Das ist alles sehr geheimnisvoll«, murmelte er auf jiddisch, »sie wissen es selber nicht genau. Ich war in ihren Kirchen und habe ihre Bibel gelesen. Weißt du, wer der Christus eigentlich war? Ein einfacher Jude wie dein Vater. Eine Art von Chassid.«
Golda lächelte: »Du hältst mich wohl zum besten!« »Nein, wirklich, du kannst es mir glauben. Ich wette mit dir, die beiden hätten sich sehr gut verstanden, weil er wirklich ein guter, frommer Jude war. So eine Art von Baal Schem Tow ... Die Christen behaupten, sie lieben ihn, aber ich glaube, sie hassen ihn, ohne es zu wissen. Darum drehen sie das Kreuz um, machen ein Schwert daraus und schlagen uns damit. Verstehst du, Golda«, schrie er plötzlich auf, »sie nehmen das Kreuz und drehen es um, sie drehen es um, mein Gott im Himmel ...«
»Armer Jesus, wenn er zurück auf Erden käme und sehen müßte, wie die Heiden ein Schwert aus seinem Kreuz machen, um seine eigenen Schwestern und Brüder zu erschlagen, da wäre er sehr traurig ...«
»Vielleicht sieht er es sogar. Man sagt ja, daß einige von den Gerechten vor den Toren des Paradieses bleiben, weil sie die Menschheit nicht ganz verlassen wollen; daß sie auch auf den Messias warten. Wer weiß? Verstehst du, Goldele, er war ein altmodischer kleiner Jude, ein richtiger Gerechter, weißt du, wie alle unsere Gerechten ...«

Auf den ersten Blick scheint die Ballade »Die letzten Worte des Don Henriques« nur der Schwanengesang eines berühmten Opfers der Spanischen Inquisition zu sein. Wer jedoch dies Gedicht von Salman Schneur (1887–1959) ein zweitesmal liest, hört auch den pochenden Pulsschlag der jüngsten jüdischen Passion heraus. Der Standort wird lakonisch in der ersten Strophe beschrieben:

> »Die Worte des Don Henriques
> in Flammen auf einem Scheiterhaufen,
> als ein Kruzifix des Erlösers
> vor ihm im Winde schwankt.«

Der adelige Marrano, der sich taufen ließ, um dem Tod zu entgehen, wird zum Scheiterhaufen verurteilt, als er beim jüdischen Gebet ertappt wird. Er erahnt im Gekreuzigten, den ein Dominikaner ihm entgegenhält, einen echten Leidensgefährten:

> »Oh Mann von Nazaret,
> Jesus, mein guter Bruder,
> Trau nicht den Heiden, mein Jesus,
> ihre Tücke kenn' ich bis zur Neige ...
> Bald kommt der Tag,
> an dem sie dich verjagen
> aus ihren Ländern, von ihren Kirchtürmen,
> vom Hals ihrer Frauen und Kinder,
> wie einen Hund werden sie dich mit Füßen treten,
> herauswerfen aus ihren prächtigen Kirchen,
> die Kopten, Byzantiner und Goten einst bauten,
> um deinen Namen zu verherrlichen ...
> Völker und Zungen wird es reuen,
> in Scham werden sie ihr Antlitz verhüllen,
> in Buße an ihre Brust schlagen,
> laut ihre Sünde bekennen,
> daß sie einen Juden ver-gottet haben,
> um ihm zu huldigen
> volle dreißig Geschlechter hindurch.
> ›Raus mit dir!‹ werden sie kreischen,
> wie sie es immer schon taten.
> ›Du hast uns betrogen, du Jude!
> Um den Preis eines hölzernen Kreuzes
> hast du den Ruhm von Zeus und Odin erkauft!

Zum Scheiterhaufen mit euch, ihr Marranen!‹
Dasselbe Schicksal erwartet uns beide,
heute ist Henriques an der Reihe,
bald bist du dran, mein Jesus . . .«

Als die Flammen höher steigen, erschauen die fiebernden Augen des Krypto-Juden einen endlosen Zug in Lumpen gekleideter Gestalten, die mühselig ostwärts pilgern: Der Exodus aller jüdischen Märtyrer aus den Massengräbern der Diaspora ins Gelobte Land. An ihrer Spitze schreitet der Nazarener:

»Mütter, Frauen und Schwestern,
all die lauteren Töchter Israels,
in Weiß und Schwarz gekleidet,
werden den langen Weg flankieren,
um die Verbannten zu ehren.
In euch und den Tausenden
und abertausend Gestalten
werden sie wiedererkennen
jede Mutter ihren einzigen Sohn,
gepeinigt und zu Tode gequält,
jede Frau ihren Gatten,
dessen Zunge der Kehle entrissen wurde,
jede Schwester entdeckt ihren Bruder,
dahingeschlachtet in zahllosen Pogromen,
und jede Waise den leblosen Vater . . .
Oh, du endlose Kette der Golgothas
von Europa bis hin auf den Berg Zion!«

Der Dichter fordert die Heimholung Jesu aus der heidnischen Verfremdung – die biblische Metapher vergleicht sie mit einer Heilung vom Aussatz –, gefolgt von seiner vollen Ehrenrettung im unabhängigen Israel:

»Und du, edler Leidensgefährte,
der allen voranschreitet,
willkommen heißt dich ein neues Synhedrion,
in neue Gebetsmäntel gehüllt;

sie werden dich zum Jordan geleiten,
in seinem heiligen Wasser dich reinwaschen,
deine Wunden baden und heilen,
deine tränenverdunkelten Augen zu erleuchten,
dich von heidnischer Unreinheit zu läutern,
vom Opferdienst und Weihrauch
und vom Ruß der Torahrollen, die sie verbrannten ...
Geläutert, rein und genesen
wie Naaman, der Heerführer von Aram [6],
werden wir dich mit Jubel begrüßen ...
mit offenen Armen und mit Herzen voll Liebe ...
ein reuiger Bruder auf der Heimkehr.

Kein Pilatus wird es vermögen in Israel,
ein blutiges Römerurteil zu fällen,
denn unser ist das Land
und unser der Rechtspruch.
Kein Fremder wird dann
zum Richter sich erheben
im Streitgespräch zwischen Brüdern ...«

So stirbt Don Henriques, wie zahllose seiner Glaubensgenossen, mit den Worten des jüdischen Glaubensbekenntnisses auf seinen Lippen:

»Oh Jesus, mein Bruder aus Nazaret,
der Odem geht mir zu Ende ...
Heb mich empor, du Gott Jakobs,
entzünde mich hoch über der Volksmenge!
Ich bin begnadet worden
weit über das Los anderer Sterblicher,
und deshalb will ich Gottes Namen lobpreisen.
Gepriesen sei unser Schöpfer,
der mich zur Fackel der Irrenden gemacht hat ...

---

[6] Vgl. 2 Kön 5,3–14.

> Hör mich, auf Völker,
> höret, ja höret ganz Israel!
> Rufe mit mir, Jesus, sprich mit:
> Unser Herr ... Unser Gott ... ist Einer.« [7]

Uri Zwi Greenberg (geb. 1894) nennt seine Dichtung »Eine Wissenschaft der Trauer und eine Religion der Hoffnung«. Genauer gesagt handelt es sich um eine mystische Vision, die in der vollen Souveränität Israels die Erfüllung der biblischen Verheißungen erschaut. Er schließt Jesus aus dem Christentum aus, das für ihn ein Produkt des Paulus ist, um klar zwischen galiläischem »Jesuanismus« zu unterscheiden, der zum Judentum gehört, und römischem Christentum, das er als »eine fremde Frucht aus heidnischen Gefilden« bezeichnet.
In einer mystischen Elegie »Ich will es einem Kind erzählen« [8], identifiziert er sich mit Jesus, in allegorischen Tönen messianischer Sehnsucht, der keine Übersetzung gerecht zu werden vermag:

> »Er kam nicht, der Messias ... wie ein Adler
> kreiste er hoch über dem blutigen Abgrund.
> Tag und Nacht hörte ich das Flattern seiner Schwingen,
> an Jaffas Küste landete er in Mannes Gestalt ...
> Arm und demütig, doch mächtig in der Kraft des Sehers.
> Ein Schwert trug er hinauf nach Jerusalem ...
> So nahe kam er ... hier stand er ... doch nur
> den Stadtrand erreichte er, die Schwelle des Reiches.
> Dort stieß er auf die Krämer ... die grüßten ihn
> mit Hohn und Verneinung – die Krämer ...
> als sie zu Ende geschwatzt hatten,
> lachten sie auf: Hahaha – der Messias wand sich
> wie vom Dolche durchbohrt.

---

[7] Am Oved, Tel Aviv 1952, S. 394–400.
[8] »Buch der Anklage und des Glaubens«, Tel Aviv 1937.

Auch ich wand mich, wie vom Dolch getroffen...
Mit Hohn erdolchten sie ihn.
So besiegten ihn die Krämer...

Und ich hörte ihn fragen mit blutenden Lippen:
Wo sind die Geschlechter, die meiner harrten,
die mich riefen aus Rom
zur Schwelle des Ruhms?
Und ich hörte sein letztes Wort:
Wehe mir, wehe dir, meine Heimat...
und der Messias wandte sein Antlitz und ging seines
                                                        Weges...
Wohin er ging, weiß ich nicht; kann ich nicht wissen,
vielleicht ging er ein in mein Inneres,
und ich nähre ihn mit meinem Fleisch
und still' seinen Durst mit Blut, süßer als Wein...
vielleicht auch nicht... vielleicht war er es, den ich sah
in Adlergestalt, hoch kreisend über dem Kidrontal,
langsam kreisend, über dem Tempelberg, schluchzend...
Israels Erlöser, dem Vogel gleich, Abschied nehmend
vom Heiligen Tempelberg.
Und wiederum tauchte er unsichtbar
in den Born hebräischen Blutes,
gefesselt für zweitausend Jahre,
dem Messiasgesetze gehorchend,
ein zweitesmal, für zwei Jahrtausende,
wer weiß?«

»Im Namen des Rabbi Jesus von Nazaret« [9] ist der Titel einer Novelle von Avigdor Hameiri (1886–1970), von der der Dichter behauptet, daß sie auf einem wahren Erlebnis beruht.
Eine Truppe ungarischer Soldaten, unter dem Befehl des Autors, wird im Ersten Weltkrieg von einer russischen Kompanie gefangengenommen. Sobald der russische Offizier gewahr wird, daß die meisten seiner Gefangenen Juden sind,

---

[9] Massada, Tel Aviv 1944.

entschließt er sich, zwischen zwei Flaschen Wodka, an ihnen »göttliche Gerechtigkeit zu üben«.

Nach einem Kriegsgericht, das häufig durch Trinksprüche, Aufstoßen und Flüche unterbrochen wird, teilt der Leutnant des Zaren seinen Häftlingen mit:

»Ihr kennt die Anklage ganz genau ... Es wurde nun beschlossen, Gleiches mit Gleichem zu vergelten. Da Ihr ja gewohnt seid, Christenblut zu trinken, ist es höchste Zeit, daß Ihr einmal auch Judenblut zu schmecken bekommt. Deshalb wird einer von Euch verurteilt, Judenblut zu trinken.

Zweitens, habt Ihr den Gottessohn gekreuzigt. Deshalb wird einer von Euch jetzt gekreuzigt werden.

Drittens, wird einer von Euch lebendig begraben, genau wie Jesus begraben wurde, bevor er am dritten Tag auferstanden ist. Ist das klar?«

Dieses »Urteil« wurde »im Namen des Rabbi Jesus von Nazaret« vollstreckt. Der Autor, zum lebendigen Begräbnis bestimmt, kam als letzter dran. Als die Russen sein Feldgrab mit Erdklumpen zu füllen begannen, unterbrach sie ein ungarischer Gegenangriff, dem der selbsternannte Richter »göttlicher Gerechtigkeit« zum Opfer fiel, während die Totengräber schleunigst das Weite suchten – und der Autor seine eigene Auferstehung erleben konnte. Das improvisierte Grab, so stellte sich alsbald heraus, hatte ihn vor den Kugeln seiner Befreier errettet.

An dieser ungeheuerlichen Geschichte soll der Abgrund zwischen Jesu Liebesgebot und seiner heidnischen Haß-Travestie, in die es viele »Christen« verzerren, zutage treten.

Samuel Joseph Agnon (1888–1970), Israels Nobel-Preisträger für Literatur (1966), ist heute ein Klassiker, dessen Werke in allen Schulen Israels zur Pflichtlektüre gehören. Chassidischer Herkunft und von orthodoxer Lebensführung, hat er das religiöse Element zum Leitmotiv seiner meisten Werke gemacht. Beim Staatsbankett, das ihm zu Ehren in Stockholm anläßlich der Nobelpreisverleihung gegeben wurde, sagte er seinen schwedischen Gastgebern:

»Mein Schrifttum ist hauptsächlich von der Bibel, der Mischnah und dem Talmud beeinflußt. Dann kommen die mittelalterlichen Exegeten der Halachah sowie hebräische Dichter und Philosophen, Maimonides allen voran ...« Und wie alle strenggläubigen Juden schloß er mit dem Ausdruck einer messianischen Hoffnung:
»Möge der Erlöser bald nach Zion kommen, um die Erde mit dem Wissen um Gott zu füllen, zur Freude aller Erdbewohner, denen Friede und Eintracht in Fülle beschert werden möge!«
Um so erstaunlicher ist die Tatsache, daß Agnon eine rätselhafte Novelle der Gestalt Jesu gewidmet hat – unter dem biblischen Titel »Pfade der Gerechtigkeit« (Ps 23,3).
Namentlich erwähnt er zwar Jesus nicht, sondern bedient sich der alt-rabbinischen Umschreibung »jener Mann«, jedoch läßt der Zusammenhang keinen Zweifel über die Identität der Zentralfigur.
Die Novelle beschreibt das bittere Schicksal eines alten polnischen Juden, eines Essigmachers, dessen Familie gestorben ist, so daß sein Leben inhaltlos dahinwelkt. Es verlangt ihn nur noch danach, den Rest seiner Tage im Heiligen Land verbringen zu dürfen, wo er sein Grab zu finden hofft. Um dieses heißersehnte Ziel zu erreichen, spart er sich tagtäglich einige Kopeken vom Munde ab – zweimal die Woche fastet er, und dreimal arbeitet er lange Überstunden –, alles, um den Fahrpreis zusammenzubringen.
»Und am Vorabend jedes Sabbath-Tages, nachdem er seinen Essig verkauft hatte und aus der Stadt heimgekehrt war, setzte er sich auf einen Stein, zählte seine Einkünfte und teilte sie in zwei kleine Häuflein Münzen. Eines davon strich er in seine Hosentasche für die leiblichen Bedürfnisse der nächsten Woche; das andere aber legte er in die Almosenbüchse am Kreuzweg, die die Weltvölker in jenem Königreiche zwischen den Händen ›jenes Mannes‹ befestigt hatten. Er war einfältig und wußte nicht, welchem Zweck diese Büchse dienen sollte, sondern dachte nur in seinem Herzen, daß er keinen sichereren Ort für seine Ersparnisse finden könne ...

Einige Jahre gingen so mit schwerer Arbeit dahin, am Rande des Hungertodes, aber erfüllt von hoher Hoffnung. Eines Tages, als sein Sparpfennig endlich die Summe erreicht hatte, die er für eine Schiffskarte benötigte, ging er beschwingt zum Holzkreuz auf halbem Weg zur Stadt, nahm einen spitzen Stein und schickte sich an, seine Sparkasse aufzubrechen. Der Zufall wollte es, daß just an jenem Tage Priester aus Rom gekommen waren, um die Kollekten einzusammeln. Sie fanden ihn vor dem Kruzifix, mit einem Stein in der Hand. So wurde er verhaftet und in den Kerker geworfen ... und die ganze Stadt brodelte wie ein Hexenkessel.«
In Fesseln wurde er einige Tage später in den Gerichtssaal gebracht.
»Der Richter fragte ihn: ›Gestehst du, daß du ertappt wurdest, als du die Büchse aufzubrechen versuchtest?‹
Der alte Mann antwortete: ›Ich wollte die Büchse öffnen, weil das Geld ...‹
Der Richter ließ ihn nicht zu Ende sprechen, sondern unterbrach ihn mit heiserer Stimme: ›Der Angeklagte hat sein Verbrechen gestanden!‹
Unfähig, weder die Umstände noch seine Beweggründe zu erklären, hörte der Angeklagte wie gebannt zu, als die Priester seine Aussage bestätigten.
›Das ist Zauberei‹, dachte er in seinem Herzen. Jedermann sagt die Wahrheit, aber die Wahrheit führt zu keinem gerechten Urteil. Er schaute auf seine Ketten und dann über das Haupt des Richters hinweg. Plötzlich fand sein umherschweifender Blick die Gestalt ›jenes Mannes‹, der an der Wand des Gerichtssaales hing ... Halb zu sich selbst sagte er: ›Lachst du also über mich?‹ Mit beiden Händen schlug er auf die Holzbalustrade vor ihm, bis das Gerassel der Eisenketten den ganzen Gerichtssaal durchhallte:
›Laßt mich frei und gebt mir mein Geld zurück!‹, schrie er auf. Sie schlugen ihn und führten ihn in seine Zelle zurück.
Einsam betete er dort in der Dunkelheit:
›Meister des Weltalls, Du weißt doch, wie lange ich im Exil gelitten habe; wie wenig ich gegessen habe, welche Lumpen

ich trage und daß mein Leben saurer war als der Essig, der mich ernährt – all dies nur, um in Dein Heiliges Land zu gelangen...‹«

Als er sich endlich in den Schlaf gebetet hatte, »öffnete sich die Tür des Kerkers und einer in Gestalt eines Menschen (das Hebräische bedeutet: eines Menschensohnes) erschien, eine Büchse zwischen seinen Händen; ein seltsames Lächeln spielte um seine Lippen. Der alte Mann wandte den Blick ab und versuchte wieder einzuschlafen. Aber ›jener Mann‹ hieß ihn aufstehen und sagte ihm: ›Halte dich an mir fest, und ich bringe dich, wohin du willst‹ ... Der alte Mann streckte seine Arme ›jenem Mann‹ entgegen und stammelte: ›Wie kann ich das mit gefesselten Händen?‹

Er aber sagte: ›Versuche es dennoch!‹ Da streckte der Alte beide Hände aus, klammerte sich an den Hals ›jenes Mannes‹, und ›jener Mann‹ lächelte, als er zu ihm sprach: ›Heute noch will ich dich ins Land Israel bringen‹ ... Mitten im Flug jedoch fühlte der Alte, daß er sich an kalten Stein angeschmiegt hatte. Sein Herz stand still und seine Arme erschlafften. Er verlor seinen Halt und fiel zu Boden. Am nächsten Morgen, als die Gefängniswärter seine Zelle betraten, war sie leer. Doch während derselben Nacht hörte man ein lautes Klopfen am Tor einer Synagoge in Jerusalem. Als man öffnete, sah man eine Gruppe von Boten (Schar von Engeln) [10], die aus der Diaspora kamen und eine Gestalt trugen, die einem Menschen ähnelte. Lautlos verrichteten sie die Totenwaschungen und begruben ihn noch vor dem Morgengrauen, denn kein Leichnam darf über Nacht in der Heiligen Stadt verweilen.« [11]

Die Geschichte paßt in das Genre jener Mirakelerzählungen, mit der das jüdische Sagengut so vertraut ist – wobei diesmal Jesus die Rolle spielt, die der rabbinische Legendenkranz seit uralten Zeiten einer anderen Gestalt zuzuschreiben pflegt: Eliah, dem Propheten, der fromme Juden aus Not und Gefahr errettet, um ihren Glauben zu belohnen..

---

[10] Beide Übersetzungen entsprechen dem hebräischen Wortlaut.
[11] »Elu Va'elu«, Schocken, Tel Aviv 1960, S. 383–388.

Der Widerspruch zwischen dem abschätzigen Anonym »jener Mann« – ein Überbleibsel mittelalterlicher Polemik – und der Heldenrolle, die Jesus hier zu erfüllen hat, ist charakteristisch nicht nur für Agnon, sondern auch für das allmähliche Umdenken in den Reihen der älteren Generation hebräischer Schriftsteller in Israel.

Zu ihnen zählte Chaim Hasas (1897–1973), der zum Ehrenbürger Jerusalems und zum Präsidenten des israelischen Schriftstellerverbandes gewählt wurde. Er ist ein Meister der Wortmalerei, der seine Kenntnisse aller Bereiche der hebräischen Literatur ins Spiel bringt und doch einen ganz persönlichen Stil schreibt. Eine seiner berühmten Kurzgeschichten, deren Titel, frei übersetzt, »So sind nun einmal die Gojim«[12] lautet, ist in Mischna-Hebräisch verfaßt, das zur Zeit Jesu gesprochen wurde. Er beginnt mit einer Nacherzählung der synoptischen Jesusberichte, wobei er in hohem Maß seine dichterische Freiheit walten läßt. So zum Beispiel wird in der Versuchungsperikope der Teufel gut jüdisch zum »bösen Trieb« entmythologisiert, bleibt aber doch so personhaft, daß er sein Bestes tut, um Jesus die Judenmission auszureden:
»Sicherlich weißt du doch, daß Israel nie deine Lehre annehmen noch dir zuhören wird – hartnäckig und störrisch wie sie nun einmal sind.«
Da Jesus sich in Schweigen hüllt, fährt der böse Trieb fort:
»Warum mußt du dich an dieses verpönte Volk verzetteln, dessen Todesurteil schon geschrieben und besiegelt ist? Wenn du Erfolg haben willst, klopf an die Türen der Heidenvölker, die dich gerne willkommen heißen werden.«
Nach einem kurzen, aber harten Meinungsaustausch bekundet Jesus seine Entschlossenheit:
»Ich würde lieber sterben! Mein Kreuz werde ich tragen, aber solch eine Untat werde ich niemals begehen. Mein Vater im Himmel hat mich zu seinen Kinder gesandt, dem Volke Israel.

---

[12] »Elu Hem« im Jahrbuch der Tageszeitung Davar, Tel Aviv 1946, S. 16–21.

... Was die Heiden betrifft, sind sie im Vergleich dazu nichtig.«

Nach einer Scheltrede gegen die Heidenvölker, die sich auf etliche Stellen des Neuen Testaments stützen kann [13], folgt ein Aufschrei der Entrüstung aus dem Munde Jesu, wie er aus jeder Judenseele nach dem Zweiten Weltkrieg hätte emporsteigen können:

»Die Lehre, die ich zu predigen kam, ist eine vollkommene Weisung; ein Gebot der Liebe und der Gnade, des Mitleids und der Gerechtigkeit; eine Lehre der Demut, Vergebung und Reue. Kein anderer außer Israel kann sie erfüllen, denn ihre Vorväter standen am Sinai und erhielten die ersten Gebote... Diese Heiden, die nichts vom Sinai wissen wollen, schwelgen in Abgötterei und Götzendienst; ihr Wesen ist grausam; sie dürsten nach Macht – Nein, nicht für sie ist meine Lehre, nicht für sie...«

Worauf der böse Trieb mit Hinterlist erwidert:

»Wenn dies dein Wille ist, dann behalte deine Lehre im Herzen oder begrabe sie tief in der Erde... ansonsten werden die Heiden kommen, Diebe, die sie sind, um sie Dir wegzunehmen. Sie stehlen ja alles, was ihr Ohr und Auge verlockt.«

Nachdem Jesus den bösen Trieb siegreich unterdrückt hat, wird ihm eine Vision der Leidensodyssee Israels gewährt.

»... Er sah die Zerstörung des Tempels, und wie die Söhne Israels gefangen in die Verbannung geschleppt wurden. Augenblicke später spaltete sich die Greueltäterin Rom vor seinen Augen in rivalisierende Königreiche. Noch zuckend wie die Stücke einer zerhauenen Schlange, füllten sich ihre Städte mit Häusern des Götzendienstes, die an ihr Hauptportal die Gestalt eines Gekreuzigten nageln ließen – und Israel wurde wie vogelfreies Wild gejagt. Jesus war entsetzt von dieser grausamen Gestalt am Kreuz, die unschuldiges Blut vergießen ließ und ein Dorn im Fleisch Israels ward. Während die Weltbühne vor ihm sich mit einem Schreckenstraum von Krieg, Mord und Anarchie füllte, versuchte er zu begreifen, wer wohl

---

[13] So z. B. Mt 7,6; 10,5; 15,26; Mk 7,27.

diese Figur sein möge, was sie wolle, und wie sie mit solcher Blitzesschnelle in einen Gegenstand heidnischer Anbetung verwandelt werden konnte... Städte und Staaten bewaffneten sich; Armeen marschierten gegeneinander auf, allen wurde die Holzfigur jenes Gekreuzigten vorangetragen, während Israel, zerstreut in ihrer Mitte, seinem himmlischen Vater die Treue hielt, auch wenn seine Augen mit stiller Sehnsucht unaufhörlich nach der Erlösung Ausschau hielten: Siehe da, er kommt – doch nein, noch nicht – und die Weltvölker mißhandeln die Juden, verfolgen und peinigen sie, mit Willkür, Blutgier und Bosheit... Und nun sammelt sich ein endloser Zug von Rittern und Reitern, die ihre Reihen schließen, um nach Jerusalem hinaufzusteigen, der Heiligen Stadt, zum Grab ihres Gottes, das Kreuz als Wahrzeichen auf ihre Brust genäht. Unterwegs werfen sie sich, wie eine Meute hungriger Wölfe, auf die Gemeinden Israels, Raub und Mord säend, wohin immer ihr Fuß tritt... Juden werden aus ihren Häusern gerissen, hinein in die Götzentempel, wo sie auf die Knie gezwungen werden, vor jenen gekreuzigten Herrscher. Sie jedoch preisen ihren eigenen Gott, geben ihre Leiber und Seelen preis in der Verherrlichung des Namens ihres einzigen Schöpfers... Verwundert schüttelte Jesus den Kopf über diese Heiden, ihre Blindheit und ihren Wahn, der vermeint, Gott könne sterben und ein Grab in Jerusalem haben... Und sein Herz blutete für seine Brüder, die gejagt wurden in die vier Enden der Welt, den Heiden zum Spott – und die dennoch Gott preisen, am Scheiterhaufen und in der Folterkammer, die Tausende von Priestern und Fürsten ihnen mit Eifer bereiteten, um ihre Seelenkraft zu erproben... Und siehe da, einer der Heiden, im Krieg mit seinen Brüdern, riet allen, sie sollten doch Israel endlich ausmerzen, vom Säugling bis hin zum letzten Greis, so daß kein Rest ihres Namens mehr bleibe auf Gottes weiter Erde. Und es geschah, wie er sagte: Ein Blutbad und eine Orgie von Bestialitäten wurde angerichtet, wie kein Menschenauge sie je noch erschaut hatte... Und dann kehrten die Heiden zu ihren Greueltaten zurück, während Israel, ein armseliger Rest, eine Handvoll Überlebender, halbtot und blutend, die Länder der Verbannung verlie-

ßen, den Staub der Diaspora von ihren Füßen schüttelten, um im Land ihrer Väter Zuflucht zu suchen, ein stiller Hafen, sicher vor Heidenwut, für die Letzten der Juden ... Ein Schüttelfrost ergriff Jesus angesichts all dieser Widerfahrnisse, als plötzlich ein grelles Licht seine Augen blendete. Für einen Augenblick packte ihn die wilde Hoffnung, der Messias sei endlich gekommen, um die Gottesfinsternis zu erleuchten ... Er öffnete seine Augen und blickte zögernd in die Wüste, die von den ersten Sonnenstrahlen erwachte.
›Was für einen Traum hab' ich heute Nacht geträumt‹, murmelte er, noch an allen Gliedern schaudernd. ›Und was bedeutet das Gesicht, das ich sah?‹« Mit einem Seufzer der Resignation steht Jesus auf und schließt mit den Worten, denen die Kurzgeschichte ihren Titel verdankt:
»So sind nun einmal die Gojim – bis ans Ende der Weltzeit.«

Solange eine kleine, ökumenische Schar von Musikfreunden sich einmal wöchentlich in der Kreuzritterkirche von Abu Ghosch unweit von Jerusalem traf, um gemeinsam die Matthäus-Passion von J. S. Bach zu spielen und zu singen, reagierten nur vereinzelte Kritiker, die in den Sabbat-Beilagen zweier Tageszeitungen die neue Initiative mit Lob bedachten. Sobald jedoch Bachs Libretto ins Hebräische übersetzt wurde und so schicksalsschwere Zeilen wie »Kreuzigt ihn!« und »Sein Blut komme über uns und unsere Kinder!« von jungen Israelis auf hebräisch gesungen wurden, begann die Presse ihre Aufmerksamkeit auf die neue »Bach-Ökumene« zu lenken. Binnen eines Monats entbrannte eine öffentliche Kontroverse, so daß es im Mai 1968 schien, als ob das Abu-Ghosch-Festival als Störung der öffentlichen Ordnung polizeilich verboten werden könnte, wie es einige orthodoxe Knesset-Abgeordnete ausdrücklich forderten. Das war mehr, als die Musikfreunde in Jerusalem schweigend hinzunehmen bereit waren. In ihrer Protestaktion für Bach erhielten sie alsbald die tatkräftige Unterstützung einer wachsenden Anzahl von Freunden, die gemeinsam für »musikalische Freiheit« ins Feld der Presse- und der Parlamentspolemik zogen.

Charakteristisch für eine Reihe von Stimmen, die nicht nur Bach und Kirchenmusik in Israel in Schutz nahmen, sondern die Debatte auf das Neue Testament ausweiteten, war J. Carmel (geb. 1901), dessen Essay »Die Bachpassion: Ja oder Nein?« unlängst in *Keschet,* einer der einflußreichsten literarischen Vierteljahresschriften Israels, veröffentlicht wurde [14].
Carmel lag daran, der Behauptung entgegenzutreten, der Gesang der Matthäusverse könne dazu dienen, den Gottesmordgedanken wieder aufleben zu lassen:
»Keiner der jüdischen Historiker ... leugnet jüdische Mitverantwortlichkeit ... in der Tat, Prof. Klausner behauptet, daß die Sadduzäer hier zu tadeln seien ... Genau wie Juden Jesus dem römischen Landpfleger auslieferten, da sie keine Gerichtsbarkeit für ›Kapitalverbrechen‹ besaßen, so lieferten auch die Gegner des Rabbi Schneur Salman von Liadi ihn an die russischen Autoritäten aus [15] ... Wenn die Kreuzigung Jesu ein Teil des Heilsplans war, dann erfüllten Juden darin nur die Rolle, die ihnen vorbestimmt war. Und wenn Gott aus unerforschlichen Gründen sie dazu brachte, diese erhabene Missetat zu vollbringen, um die Menschheit zu entsühnen ... dann sind wir der Nachsicht, des Mitleids und der Liebe würdig – und alle Verbrechen, die die Christenheit gegen uns begangen hat, bleiben unverzeihlich, bis Israel einst seine Erlösung findet ... Wir haben jene Tat vollbracht, aber ich bin mir keiner Schuld bewußt. Daher bin ich frei, mich kritisch mit den Evangelien zu befassen, wie mit jedem anderen großen Buch, das seinen Stempel der Weltgeschichte aufgeprägt hat.«
Was die Evangelien betrifft, bedauert es Carmel, daß sie nicht im Rahmen der jüdischen Literatur in allen israelischen Lehrplänen beheimatet sind:
»Mein Herz blutete über den Verlust (im Unterricht) dieses tragischen, doch so zarten Buches, so lieblich und liebevoll in all seiner Lebensnähe. Fremd? Ich fühlte keine Befremdung ... Sein Mutterboden ist unsere eigene Erde. Wenn der Prophet

---

[14] Keschet, Tel Aviv, Frühjahr 1973, S. 46–63.
[15] Im Jahre 1806.

Eliah in einem Feuerwagen in den Himmel gefahren ist, warum sollte Jesus nicht auferstehen und in den Himmel fahren? Und wie im Falle Eliahs ist es auch hier nicht das Übernatürliche, sondern das Menschliche, Allzumenschliche, das Kopf und Herz beschwingt. Genau wie die Gestalt Eliahs und seine Lebensgeschichte nichts von ihrer pathetisch-tragischen Größe einbüßen, auch wenn wir aufgehört haben, an seine Himmelfahrt zu glauben, so schrumpft Jesus und seine Leidensgeschichte keineswegs – auch wenn wir weder an seine Wundergeburt noch an seine Auferstehung glauben können ... Szenen wie die in Gethsemane, sein schmerzliches Gebet, die Verhaftung zur mitternächtlichen Stunde, sein Aufschrei am Kreuz ... die Meisterwerke der Weltliteratur enthalten nur wenige solcher Höhepunkte und Sternstunden.«

Was Klausners berühmten Wunsch anbelangt: »Wenn jemals der Tag kommen sollte, an dem das ethische Gesetzbuch des Nazareners von den Mythologien, Mirakeln und Mystizismen, die es einhüllen, befreit wird, dann wird das ›Buch der Ethik Jesu‹ eines der kostbarsten Schätze der israelischen Literatur werden«, so stellt Carmel die rhetorische Frage:

»Ist dieser Tag nicht schon gekommen? Für uns haben diese Hüllen nie existiert. Und nun, da sie auch im Bereich der Christenheit zu verschwinden beginnen, was hält uns noch davon zurück, dieses Buch dem israelischen Leser zu übermitteln? ... Wenn Konfuzius und der Koran ins Hebräische übersetzt worden sind, ... warum nicht auch das Neue Testament, das viel tiefere, menschliche Werte enthält? ... Wenn ich das Evangelium des Matthäus lese, verstehe ich, wie leicht es ist, diese Chronik einer uralten Vergangenheit in eine menschliche Lebensgeschichte umzudeuten, die volle Relevanz besitzt und uns auch heute noch viel zu sagen hat.«

Carmel ist sich jedoch auch der historischen Implikationen seines Vorschlages voll bewußt:

»Im Namen des Evangeliums sind unzählige Juden ermordet worden. Kein Mensch will das leugnen. Aber wir dürfen nicht vergessen: Jede Idee, jedes Ideal, sogar das hehrste und universalste, verwandelt sich im Laufe seiner Entfaltung, wird meist verzerrt, sowohl der Gestalt als auch der Substanz nach – bis es schließlich oft zu seiner eigenen Antithese entartet.«

Mit Nachdruck betont Carmel, daß man weder Jesus noch seinen Jüngern für die Entfremdung des Christentums die Schuld geben kann, geschweige denn für die Untaten, die die Kirchen im Namen Jesu an seinen Brüdern verübt haben. Zuletzt zerstreut er jedweden Verdacht, sein Vorhaben könne die Judenmission fördern:

»Wenn ich von den Evangelien spreche, habe ich nicht die Absicht, ein weiteres heiliges Buch unserer Literatur einzuverleiben. Ich finde keinen Gefallen an einem Kanon, mit all der Enge, die solch ein Begriff beinhaltet. Mein einziges Anliegen ist literarischer, kultureller und geistiger Natur ... In der Tat, die Evangelien sind religiöse Schriften, und jeder, der sich von ihnen religiös beeindrucken lassen will, soll frei sein, dies zu tun ... Es gibt Leute, die bei Dostojewsky religiöse Einsichten gewinnen; andere mögen auf ähnliche Weise auf die Evangelien reagieren. Warum nicht? Was befürchten wir denn? Oder müssen wir Angst davor haben, daß Jesus wieder bei uns als Messias und Erlöser betrachtet werde?«

Wenn Carmel lediglich die Einführung des Neuen Testaments – auszugsweise – als Pflichtlektüre für die israelischen Mittelschulen empfiehlt, geht Salman Chen (geb. 1929), ein typischer Vertreter der jüngeren Sabra-Generation, einen bedeutsamen Schritt weiter. In seinem kürzlich erschienenen Buch »Wege zum Himmel« [16] schreibt er:

»Die Christenfrage oder: Frage des Christentums konfrontiert den israelischen Juden zur Zeit einer sozialen Revolution, die fast alle traditionellen Werte verunsichert, und einem wissenschaftlichen Umsturz, der die pragmatische Tatsächlichkeit auf den Thron erhebt ... Der theologische Aspekt geht den Juden nichts an und scheint auch viele Christen immer weniger zu berühren. Anderseits ist die Frage nach dem zeitlosen Beitrag Jesu zum besseren Verständnis der allmenschlichen Sen-

---

[16] »Derachim Laschamayim«, Milo, Tel Aviv 1972.

dung in der Weltgeschichte ... auch eine jüdische Frage im Staate Israel.«

Während Chen sich von der »allzu-himmelhohen und meist rhetorischen Moralität« des Nazareners distanziert, da sie ihm als menschliche Überforderung keinen praktisch normativen Wert zu haben scheint, zieht ihn eine andere Lehre Jesu an: »Eine zentrale Idee im Lehrgut Jesu ... ist die Befreiung des Glaubens von jeder Fessel des Raumes und der ethnischen Herkunft ... Die Idee einer völlig unbedingten, uneingeschränkten Freiheit, mit der man sich zu einer Ideologie oder einem Glauben bekennt, ... hat großen bahnbrechenden Wert ... Der Weg zu Gott führt, nach Jesus, durch den Glauben des Herzens und die totale, selbstlose Liebe, nicht durch die Einhaltung schwieriger Gebote in all ihrer pharisäischen Genauigkeit ... Man darf also am Sabbat Ähren raufen und Kranke heilen ... Diese Einsicht, die in ihrer späteren Weiterführung dem Christentum seine universale Dimension verlieh, stellt zweifelsohne einen wesentlichen Fortschritt dar ... Hier finden wir in weitgehendem Ausmaß die Verwirklichung prophetischer Ideologie. Das Judentum hat keinen Weg zu einer ähnlichen Universalisierung seines Glaubens und seines Lebens gefunden ... In seiner Behauptung, der Mensch sei Herr über den Sabbat, hat Jesus eine sozial-humane Basis – keine rituelle – für die Einhaltung der Sabbatruhe aufgezeigt ... Indem er festlegte, daß ›nicht das, was in den Mund eingeht, sondern was aus ihm herauskommt, den Menschen verunreinigt‹, hat er eine neue Grundlage für die Speisegesetze geschaffen: medizinische, moralische und ästhetische Richtlinien anstelle von Tabus ... Die Stellungnahme Jesu zu all diesen Fragen ist sicherlich fortschrittlicher als die strenge und starre Einstellung der halachischen Schriftgelehrten. Es ist, in der Tat, die Einstellung der allermeisten Juden im heutigen Israel ... Solches Umdenken, das die Reformideen Jesu kennzeichnet, ist dringend nötig, nicht nur um das Judentum an die Bedürfnisse und Forderungen unseres Zeitalters anzupassen ... sondern auch um Kontakte zwischen den Juden und ihrer Umwelt zu fördern und zu mehren.«

David Flusser, der die Feindesliebe als Sondergut Jesu betont, wodurch »das Christentum, zumindest in der Theorie, das Judentum in seiner Liebe für alle Menschen überflügelt« [17], ist auch der Meinung, daß die Botschaft Jesu für heutige Juden lehrreich sein kann:
»Dem Christen wird es paradox erscheinen, daß der Jude von Jesus lernen kann, wie er beten soll, was der richtige Sinn des Sabbats ist, wie man fasten soll, was die Bedeutung des Königreichs des Himmels und des Jüngsten Tages ist. Immer wird der aufgeschlossene Jude von der Ansicht Jesu tief beeindruckt, und er versteht: Da spricht ein Jude zu den Juden.« [18]

Im Jahre 1968 erschien die englische Übersetzung eines Buches, das offensichtlich der beste Jesus-Roman der hebräischen Literatur ist. »Der schmale Pfad« [19] wurde von Aharon Abraham Kabak (1880–1944) im Jahre 1938 geschrieben und ist unter seinen Dutzend Romanen ohne Zweifel das Meisterwerk. Es steht seit über dreißig Jahren auf der Liste empfohlener Bücher in fast allen Mittelschulen Israels. Die Wahl des Themas erwuchs aus einer intensiven religiösen Erfahrung, die er in seinem von biblischer Ekstase erfüllten Buch zu übermitteln versucht. Jesus, in seiner eigenen jüdischen Umwelt fest verwurzelt, opfert sich mit Leib und Seele auf, um seinem Volk und der gesamten Menschheit das Heil zu bringen. Der schmale, unbetretene Pfad, will Kabak sagen, ist die Verschmelzung intensiver Menschlichkeit mit einem zum Himmel führenden Auftrag, wie sie nur ganz wenigen gelingt.
Kurz nach dem Erscheinen der Erstauflage drängte es den Autor, seinen Freunden mitzuteilen, wie das Buch in seinem Inneren herangereift war:
»... Vor einigen Jahren war ich schwerkrank. Monatelang mußte ich das Bett hüten. In meinem Herzen hatte ich bereits

---

[17] David Flusser, »A New Sensitivity in Judaism and the Christian Message«, in: Harvard Theological Review, Nr. 61 (1968), S. 127.
[18] Ders., »Inwiefern kann Jesus für Juden eine Frage sein?«, in: Concilium, X. Jahrgang, Heft 10, Oktober 1974, S. 598.
[19] Englische Übersetzung von Julian Louis Meltzer, Tel Aviv 1968.

Abschied genommen vom Leben und all meinen Freunden und Lieben. Was mir noch bevorstand, so dachte ich, war ein längeres Siechtum oder, falls ich Glück haben sollte, ein rasches Ende. Und dann, eines Abends, als ich allein dalag, sah ich durch das offene Fenster den Wipfel einer Zypresse, der sich sanft, aber pausenlos im Winde neigte und beugte. Ein großes Mitgefühl für meine Zypresse erwachte in mir. Ihr ganzes Leben lang schwankte und beugte sich ihr Wipfel, ganz allein in den Lüften des Weltalls ... Die Tage meines Lebens zogen an mir vorbei, meine stürmische Jugend und meine rastlosen Wanderjahre – und ich dachte: In allen Stürmen und Nöten des Suchens gab es eigentlich niemals eine Zeit, in der ich inmitten meiner Freunde nicht einsam war, einsam und mutterseelenallein, wie der Wipfel dieser Zypresse. Und jetzt lag ich einsam auf meinem Krankenbett. Allein würde ich diese Welt verlassen, wie ich sie einst einsam und verlassen betreten hatte. Da befiel mich ein großer Schrecken. Die Angst vor der fürchterlichen Finsternis, die das Menschenschicksal auf Erden umhüllt, packte mich mit voller Macht. In diesem Augenblick flüsterte etwas oder jemand in mein Ohr: UND ER? ... Der Gefangene in meinem Inneren, dessen Stimme ich zeitlebens verstummen ließ, nahm jetzt die Stunde meiner Schwäche wahr, um seine Zelle zu verlassen und mir zuzuflüstern:
UND ER? Und unser Vater im Himmel? Von ihm kamst du, mit ihm hast du den Weg deines Lebens durchwandelt, und zu ihm kehrst du zurück. Nicht allein kamst du in diese Welt, und allein wirst du sie auch nicht verlassen. Nein! Niemals hast du den Schoß deines Vaters verlassen, auch wenn du es nicht wu test ... Plötzlich, mit einem Schlag, wurde ich gewahr, daß ich keinen Augenblick meines Lebens allein gewesen war, auch dann nicht, als ich mich verlassen fühlte. Und in meinem Herzen entsprang eine Quelle von Licht und Freude. Zum ersten Mal, seit meiner Krankheit, brach ich in Tränen aus. Ich weinte vor Freude und Glückseligkeit. Und dann gelobte ich: Wenn Gott mich genesen ließe, würde ich ein Buch schreiben, das unglücklichen Menschen, wie ich selbst einer war, sagen soll, daß sie nicht vereinsamte Waisen in der Welt des Allmächtigen

seien, noch Treibsand in einer öden Wüste. Keiner, der Gottes Ebenbild ist, kann Treibsand sein.«[20]
Sein Leben lang war Kabak ein Agnostiker gewesen, dessen Streben und Hoffen erdgebunden blieben, doch nun beseelte ihn ein wahrer Aufbruch des Glaubens. Durch Jesus, »jenen armen, großen Juden aus Nazaret«, wollte Kabak die menschliche Pilgerfahrt zum Himmelreich auf Erden beschreiben. Indem er den Nazarener von allen Fesseln mystischer Vergöttlichung befreit, macht er ihn zu einem Propheten, dessen Lehren sich aus den Quellen des messianischen Judentums nähren. Typisch für die gelassene Selbstsicherheit, mit der auch die schwierigsten Dilemmas lösbar scheinen, ist das Zwiegespräch zwischen Jesus und Simon (Petrus) über den Widerstand gegen die römische Übermacht:
»Jesus ging des öfteren auf längere Spaziergänge in jenen Tagen. Er nahm Abschied von den Orten, in denen er gewohnt war, einsam zu beten. So kam er auch zu den Höhlen bei Arbel. Überrascht von Kinderstimmen, die aus der verlassenen Berggegend hervorklangen, trat er näher. Jenseits des Baches, zu Füßen der Felsenwand, stand eine Gruppe von Kindern, die sich um einen Mann scharten ... es war Simon. Alle waren mit Pfeilen und Bögen bewaffnet. Ein scharfer Schmerz durchschoß Jesus, als hätte ihn einer der Pfeile durchbohrt. Wortlos drehte er sich um, in Eile den Ort zu verlassen. Der Pfad entlang der Seeküste war einsam, wie sein Herz. Als er sich nach geraumer Zeit umblickte, sah er Simon, gefolgt von den Kindern, die sich bemühten, ihn einzuholen ... Simon verließ die Kinder, eilte voran und stellte sich Jesus entgegen, der ihn unverzüglich zur Rede stellte:
›Was tust du mit den Kleinen, Simon?‹
›Ich zeige ihnen die Höhlen und erzählte ihnen, was Herodes mit jenen Juden getan hatte, die hier Zuflucht suchten.‹
›Warum säst du Haß in jungen Herzen und lenkst ihre Gedanken auf Blutvergießen?‹
›Haß nur für jene, die Israel hassen!‹

---

[20] Davar, Literaturbeilage, Tel Aviv, 13. Jan. 1939.

›Welch gute Frucht kann der Haß hervorbringen?‹
›Schau dich um, Rabbi‹, antwortete Simon, mit der Rechten einen Halbkreis beschreibend:
›Hinter dir liegt Tiberias. Vor dir ist Beth Saida – Julia. Erinnern dich diese Namen nicht an unsere Knechtschaft unter dem Heidenjoch jener Greuelherrschaft? Das Bildnis des Römerkaisers protzt auf jedem Denarius – jede Münze trägt seinen gottlosen Namen. Der Idumäer ist ein Sklave der Römer, und wir sind die Sklaven jenes Sklaven. Du lebst in dir, Rabbi, und weißt nicht von der Tücke der Welt. Von Kindheit an wurden wir gelehrt, daß unser Land nie für ewig verkauft werden kann, doch wir und das Land sind verkauft worden an die Schänder unseres Volkes ... Tag für Tag schlägt jener Götzendiener tiefere Wurzeln in unserer Erde. Von Jerusalem bis Caesarea, von Tiberias bis nach Akko besudeln sie das Land mit Theatern, Zirkussen und ihren verfluchten Bildnissen, um uns überall hinauszudrängen. Sollen wir Fremdlinge in der Heimat unserer Väter werden? ... Das ist es, was ich in die Herzen unserer Kinder einpflanze. Für unsere vielen Sünden wurde uns verwehrt, die Grenzen unseres Landes zu beschützen. Mögen Sie es vollbringen, sobald sie aufwachsen!‹
Jesus schwieg eine Weile, bevor er sich voll Simon zuwandte. Er legte seine Hände auf seine Schultern, schüttelte ihn sanft, bis jener ihm voll in die Augen schaute. Dann sagte er:
›Menschensohn! Hör mir zu und fürchte dich nicht, in dein Inneres zu schauen ... Laß deine Blicke nicht nach außen abschweifen, sondern sieh doch in dein Herz ... in dir liegt eine ganze Welt, die deiner harrt; in dir wirst du auch den Geist Gottes finden ... All das, was da draußen dich umströmt, lebt ebenso in dir fort. Jene Schar von Wandervögeln fliegt auch durch deine Seele; dieser Bach da rauscht auch durch dich, und die Sonne scheint nicht weniger hell in deinem Inneren. Wahrlich, ich sage dir, wenn du alle diese Welt in dir selber entdeckst, wird kein Platz mehr bleiben für Neid oder Haß, für Sorge um Grenzen und Land ... Simon, wach auf!‹ Wiederum schüttelte er ihn liebevoll bei den Schultern und versenkte seinen heißen Blick in die Augen des Freundes ...«

Hier ist Kabaks Jesus, wie er mit seinem Freund Nakdimon (Nikodemus) ein paar Stunden vor der Kreuzigung spricht:
»Jesus hob seinen Kopf und Nakdimon war wieder betroffen darüber, wie gealtert er war. Aber es umgab ihn eine einzigartige Hoheit, als ob er schon von der Welt der Geister zurückgekehrt sei. Jesus legte eine weiße, kühle Hand auf den schwarzen Ärmel seines Begleiters. ›Meine Lehren‹, sagte er, ›beweisen, daß kein Grund besteht, das Vergehen des Reiches von Rom oder von Judäa zu beklagen. Selbst ich habe, wie die Pharisäer, kein irdisches Königreich nötig. Mir genügt das Himmelreich! Und wie alle Sadduzäer‹ – hier zuckte ein blasses Lächeln um seine Lippen – ›glaube ich nicht an eine zukünftige Welt – denn ich glaube nicht an den Tod.‹
Und dann, mit kräftiger Stimme: ›Nakdimon, mein Bruder! Es gibt keinen Tod in der Welt! Es gibt nur ein Übergehen von einem Leben in ein anderes ... Wenn alle Menschen in allen Ländern nicht länger an den Tod glauben und ihren Glauben an den einen lebendigen Gott heften, der in ihnen und außer ihnen waltet, in dem Kreuz da und in den Gekreuzigten – aber auch in den Kreuzigern, dann Nakdimon, ah, dann ...‹«
Und so endet der Roman mit einem unvollendeten Satz, einer Reihe von Punken – und einer lebendigen Hoffnung.

Diese kurze, subjektive Auswahl aus hebräischen Jesuswerken unserer Tage erhebt keinerlei Anspruch auf Vollständigkeit. Sie ist mehr eine Kostprobe, keine erschöpfende Anthologie. Die 187 hebräischen Bücher, Forschungen, Gedichte, Schauspiele, Monographien, Dissertationen und Aufsätze, die in den letzten 27 Jahren seit der Staatsgründung Israels über Jesus geschrieben wurden[21], rechtfertigen die Presseberichte über eine »Jesuswelle« in der heutigen Literatur des Judenstaates. Tatsache ist es, daß im letzten Vierteljahrhundert weit mehr hebräi-

---

[21] Meine Liste beschränkt sich auf Schriften, deren hauptsächlicher Gegenstand Jesus von Nazaret ist. Wollte man die wissenschaftlichen Monographien einbeziehen, die Jesus im Zusammenhang mit anderen Strömungen im Judentum behandeln, überstiege die Anzahl der Schriften die Zahl 500. Ebenso unbeachtet bleiben hier die Werke israelischer Staatsbürger, die nicht auf hebräisch verfaßt worden sind.

sche Schriften über Jesus verfaßt worden sind als in den 18 vorangegangenen Jahrhunderten und daß es des freien Geistesklimas der Eigenstaatlichkeit bedurfte, um sich heute so unbelastet mit einem Thema zu befassen, das der Druck der Kirchen allzu lange in ein jüdisches Tabu verwandelt hatte.

»Dieses Buch wurde vor allem verfaßt, um zu zeigen, daß es möglich ist, eine Lebensgeschichte Jesu zu schreiben.«
Dieser Anfang des Buches »Jesus« von David Flusser [22] drückt die Hoffnung vieler Israelis auf eine glaubwürdige Heimholung des verschollenen Nazareners aus, gerade in einem Zeitpunkt, in dem die christliche Leben-Jesu-Forschung nicht mehr an eine solche Möglichkeit zu glauben scheint.
»Der historische Jesus kann nicht mehr aus den nachösterlichen Berichten rekonstruiert werden«, behauptete Bultmann – womit sich die konservative christliche Theologie auf die sturmfreie Festung der kerygmatischen Christologie zurückzog.
Könnte es nicht sein, fragt man in Jerusalem, daß die Wiederauffindung Jesu dank der modernen Hilfsmittel der verschiedenen Bibelwissenschaften zwar durchaus möglich ist, der irdische Galiläer jedoch sich als so ur-jüdisch und nur-jüdisch entpuppen könnte, daß es besser scheint, alle Suchexpeditionen schleunigst abzublasen.
Schließlich fußt die gesamte Christologie der Kirchen – wie auch die jüdische Jesusforschung – auf Sekundärquellen, deren verläßlichste nur das beinhaltet, was Markus von den Erinnerungen des Petrus im Gedächtnis behalten hatte, 38 Jahre nach den Ereignissen selbst – und auch das ist aus dem Aramäischen oder Hebräischen in fehlerhaftes Griechisch übersetzt worden. Doch seit Qumran ist nichts mehr unmöglich. Ein weiterer Rollenfund – der Urgemeinde? Eine Abschrift des ursprünglichen Vaterunsers? Fragmente des Hebräerevangeliums? In einem Land, in dem fieberhaft gegraben und aufgebaut wird, wo Archäologie als Nationalhobby gilt und jeder zweite

[22] »Jesus«, rororo, Hamburg 1968.

Kibbuz sein eigenes Museum besitzt, können solche zukünftigen Funde nicht mehr als utopisches Wunschdenken abgeschrieben werden. Israels dreifacher Heimkehr – zum Land der Väter, zum Volksein und zur Muttersprache der Bibel – begünstigt eine Vergegenwärtigung Jesu und seines Sitzes im Leben, wie sie bislang kaum möglich war. Unlängst, bei einem Glaubensgespräch in Jerusalem, sagte ein junger israelischer Dichter:
»In den ältesten Texten der Heidenkirche ist das Wort für Inkarnation ›Enanthroposis‹ – also: Menschwerdung. Genau das ist unser Ziel. Nach der großen Gottesfinsternis sehnen wir uns wie noch nie zuvor nach einer wahren Menschwerdung der Söhne Adams. Eine Menschwerdung im Sinne eines Ausbruches aus dem Gefängnis der eigenen Haut und eines Durchbruchs zum Mitmenschen hin. Um aus dem Teufelskreis des Egoismus auszubrechen, der alle Mitwelt zum lieblosen Es vergegenständlicht, bedarf es weder eines Gottessohnes noch eines heiligen Geistes, sondern eines wahren Menschenbruders, der dir ein beispielhaftes Menschsein vorleben kann. Einer, der den Mut hat, auf die Kainsfrage ›Bin ich der Hüter meines Bruders‹ mit lautem JA zu antworten. Der bereit ist, sein Leben für seine Brüder zu geben, so daß er sogar am Kreuz noch sagen kann: Von denen, die du mir gegeben hast, habe ich keinen verloren. Das ist der fünfte Jesus, nicht der der vier Evangelisten, sondern der jüdische, den ich suche, um ihn als Vorbild zu verewigen.«
Die Suche nach diesem »fünften Jesus«, der keine erdlos-edle Lichtgestalt ist, sondern ein Jude mit tiefen Wurzeln im Glaubensgut seines Volkes, ist heute das Anliegen einer stetig wachsenden Anzahl israelischer Forscher und Autoren, die man vier verschiedenen Richtungen zuordnen kann:
Die erste, älteste Richtung, der z. B. Klausner angehört, betont die unjüdischen Elemente in Jesu Lehre, das Trennende, das Jesus aus dem Judentum ausweist.
Die zweite Richtung betont das Gemeinsame, das Jesus mit dem normativen Judentum seiner Zeit verbindet, und schreibt die unjüdischen wie auch die antijüdischen Stellen im Neuen

Testament dem redaktionellen Einfluß der späteren Heidenkirche zu.

Die dritte Richtung akzentuiert sein Rebellentum – nicht nur im Aufstand gegen Rom und das Römertum, den er zumindest befürwortete, wenn nicht aktiv zu fördern suchte, sondern auch seinen Widerstand gegen das saddzuäische Establishment in Jerusalem, dessen Spießbürgermoralität und Tempelritualismus er durch eine Verabsolutierung des biblischen Ethos ersetzen wollte.

Die vierte Richtung sieht die Beziehung Jesu zum Glauben seines Volkes als eine schöpferische Kontrast-Harmonie an – wobei sowohl das Einende als das Trennende aus demselben jüdischen Mutterboden erwachsen. Ohne der positiven Originalität Jesu Abbruch zu tun, bezeugt diese Schule zum Beipiel, daß alle Bausteine der Bergpredigt aus rabbinischen Steinbrüchen stammen, während der Baustil und die Architektur jesuanisches Sondergut sind.

Allen vier Richtungen gemeinsam ist der Wille, wesentliche Aspekte der Lehren Jesu für die heutige Problematik relevant zu machen; ein mehr oder minder bewußter Stolz auf den galiläischen Rabbi, der das Abendland zum Gott Israels geführt hat, und die Einsicht, daß gerade sein profundes Judesein ihm universale Dimensionen verleiht. Je tiefer die Wurzeln der Bäume in ihrer Muttererde verwachsen sind, um so höher ragen ihre Kronen in den Himmel, um so weiter reichen ihre Zweige.

In einer Zeit, da der Christus des Christentums in eine Identitätskrise geraten zu sein scheint, für die die moderne Dogmatik, Hermeneutik und Exegese eine ganze Reihe von grundverschiedenen Lösungen vorschlagen, mag es nicht bedeutungslos sein, daß Jesus in der Literatur seiner Heimat neue Substanz, Relevanz und Glaubwürdigkeit gewinnt.

Jesus in israelischen Schulbüchern

»Die Juden jedoch lügen in allem, sie lästern in jedem Belang unseren Herrn und Gott Jesus Christus und seine Kirche...«
So klagte Agobard, der Bischof von Lyon um 840 in einem Brief an seines Landesherrn[1]. Papst Innozenz IV. in einem Sendschreiben an König Ludwig von Frankreich vom 9. Mai 1244 ist noch deutlicher:
»Der schamlose Unglauben der Juden ... begeht Unerhörtes, das für die Hörenden erstaunlich und für die Berichtenden entsetzlich ist. Denn sie sind dem Herrn Jesus Christus undankbar ... In ihren Überlieferungen nämlich, die hebräisch Talmud genannt werden, sind Lästerungen gegen Gott und seinen Christus und gegen die allerseligste Jungfrau enthalten ... damit unterrichten sie ihre Söhne, ziehen sie auf und entfremden sie gänzlich der Lehre des Gesetzes und der Propheten ... Du sollst gebieten, die vorgenannten Bücher im Feuer zu verbrennen.«[2]
Von diesem päpstlichen Befehl, jüdische Lehrbücher zu verbrennen, bis zur Judenverbrennung späterer Tage war es allerdings noch ein weiter Schritt.
Der kirchliche Vorwurf, Jesushaß zu lehren, ist einer der ältesten Vorwände, um Judenhaß zu schüren. Er taucht schon im 2. Jahrhundert auf – sowohl bei Melito, dem Bischof von Sardes, dem Erfinder der »Gottesmord«-Legende, als auch bei Marcion, dem Erzfeind des »Juden-Gottes«.
Ein kurzer Vergleich des Judenbildes der Kirchenväter mit dem Jesusbild der tanaitischen Talmudväter ist aufschlußreich. Hier muß zunächst betont werden, daß der Talmud keinen einzigen Hinweis auf Jesus enthält, der sich mit Sicherheit auf den Gründer der Kirche bezieht. Jeschua war ein landläufiger Na-

[1] PL 104,85 f.
[2] S. Graizel, »The Church and the Jews in the XIII Century«, S. 250.

me, von dessen Trägern allein Flavius Josephus ein rundes Dutzend erwähnt. Nur die außer-kanonischen Baraitha und Tosephta enthalten eine Reihe von Anspielungen, die man mit einiger Sicherheit auf den Nazarener beziehen kann. Was hauptsächlich zur Sprache kommt, sind seine pharisäische Weise der Schriftauslegung, die Tatsache, daß er Schüler hinterließ, daß er wegen »Volksverführung« gesteinigt werden sollte und daß (zumindest) einer seiner Jünger in seinem Namen heilen konnte.

Nicht gegen Jesus, sondern gegen die Christologie der Frühkirche war die spätere rabbinische Polemik gerichtet, während die Zielscheibe der patristischen Angriffe das gesamte Volk »der Juden« war.

So erklärt Origenes Mt 27,25: »Das Blut Jesu traf daher nicht nur die Juden seines Zeitalters, sondern alle Juden bis zum Ende der Welt.«³

Im Talmudtraktat Sota 47 a hingegen lesen wir: »Unsere Meister lehrten: ›Stets stoße die Linke ab und die Rechte ziehe an. Es soll nicht sein wie bei Elisa, der Gehazi mit seinen beiden Händen verstoßen hat; auch nicht wie bei Jehoschua, dem Sohn Perachjas, der Jesus, den Nazarener, mit beiden Händen verstoßen hat.‹«

Chrysostomus, der »Goldmund«, lehrte: »Die Synagoge ist ein Hurenhaus ... ein Versteck für unreine Tiere ... nie hat ein Jude zu Gott gebetet ... sie sind alle vom Teufel besessen.«⁴

In einer Baraitha zu Sanhedrin 43 a dagegen heißt es: »Unsere Weisen lehren: Jeschu (von Nazareth) besaß fünf Schüler: Mattai, Nakkai, Netzer, Buni und Todah ...«

Auch Tertullian verallgemeinerte erbarmungslos: »Die ganze Synagoge der Söhne Israels hat ihn (Jesus) getötet«, während die Tannaiten in Gittin 57 a Jesus zu seinen Gunsten mit dem Heidenpropheten Bila'am vergleichen und seine Liebe zu Israel betonen.

So führte die antijüdische Theologie der Kirche dazu, daß Israel als »ungläubig« und »gottlos« verteufelt wurde – und der

³ Exegeticon ad loc.
⁴ PG 48,847–852.

heilige Ambrosius bereits um das Jahr 380 das Einäschern einer Synagoge als »gottgefällige Tat« preisen konnte, während einer seiner rabbinischen Zeitgenossen die weltweite Ökumene ausrief: »Ich rufe Himmel und Erde als Zeugen an: Ob Jude oder Nichtjude; ob Mann oder Frau; ob frei oder Sklave – jeder hat nach seinen Taten den göttlichen Funken in sich.«[5]
Nicht Jesus war gemeint, noch wird sein Name genannt, wenn um dieselbe Zeit Rabbi Abbahu in Cäsaräa vor der christlichen Lehre warnt:
»Wenn jemand zu dir sagt: Ich bin Gott, so lügt er; (wenn er sagt:) Ich bin der Menschensohn, so wird er es am Ende bedauern; (wenn er sagt:) Ich will in den Himmel hinauffahren, so wird er es nicht tun.«[6]
Verglichen mit den groben Schimpfnamen, mit denen seit den Kirchenvätern bis Martin Luther die leiblichen Brüder Jesu so häufig bedacht wurden, klingen diese sanften Worte wie ein Auszug aus einem ökumenischen Dialog unserer Tage, in dem »der Lehre der Verachtung«, wie Jules Isaac die Pseudo-Theologie des Judenhasses nannte, endgültig ein Ende gemacht werden soll. Dies forderten das II. Vatikan.Konzil, der Weltkirchenrat und zahlreiche Kirchentage in fast allen Ländern der Christenheit. Heutzutage erleben jedoch nicht nur solche irreführenden Klischees wie »Judenmord«; »Spätjudentum«; »Rache-Gott des Alten Testaments«; »alttestamentliche Gesetzesreligion« alljährliche Neuauflagen in europäischen Schulbüchern; auch die Reinigung christlicher Religionsbücher von mittelalterlicher Judenfeindschaft bleibt noch immer weit hinter den Proklamationen von Rom und Genf zurück.
Im Gespräch mit einem namhaften Religionspädagogen, der diesen Stand der Dinge durchaus zugab, fiel unlängst das Wort: »Aber hat denn der Staat Israel das Jesusbild in seinen Schulbüchern gebührend revidiert?«
Die lodernden Flammen der Talmudverbrennungen, die uralte Verleumdung der Juden als »Christushasser«, die zu unzähligen Pogromen geführt hatte, tauchten vor meinen Augen auf.

[5] Seder Eliahu Rabba, Kap. X.
[6] Sanhedrin 106 a.

Hätte man damals stichhaltig belegen können, was heute jeder Hebraist und Judaist wissen müßte – wie viele Menschenleben und Kulturschätze wären wohl verschont geblieben?!
Doch mein Gesprächspartner wollte keine Ausgrabung der Vergangenheit, sondern einen Tatsachenbericht aus dem Jahre 1973, zur Zeit, da der neuzeitliche Judenstaat sein erstes Vierteljahrhundert feierte. Um diese Frage beantworten zu können, wurde aufgrund von Konsultationen mit dem Erziehungsministerium und der Hebräischen Universität in Jerusalem eine Liste von zehn repräsentativen Geschichtsbüchern zusammengestellt, die heute in israelischen Schulen gebraucht werden oder die bis vor kurzem als verbindliche Lehrtexte dienten [7].
Da es an den staatlichen Schulen Israels weder »Religion« als Unterrichtsfach gibt noch Rabbiner Bibelstunden halten, sondern nur »Tenach«, »Talmud« und »Jüdische Geschichte« gelehrt werden, kann das Thema Jesus nur im letzten Fach zur Sprache kommen.

---

[7] *Liste der zehn israelischen Geschichtsbücher:*
Nr. 1: »Jisrael ba'amim«, Dr. Jakob Levi, Am-Oved Verlag, Tel Aviv 1946.
Nr. 2: »Mekorot lelimud ha-historia ha-jisreelit we-ha-klalit«, Dr. M. Hendel, Chechik Verlag, Tel Aviv 1953.
Nr. 3: »Divre ha-jamim«, Band A. Abramski & Kirschenbaum, Haifa Juwal Verlag, 1958.
Nr. 4: »Jisrael we-ha-amim«, Michael Hendel, Chechik Verlag, Tel Aviv 1961.
Nr. 5: »T'kufat ha-bait ha-scheni«, Dr. Azriel Schochet, Chechik Verlag, 1962.
Nr. 6: »Jisrael we-ha-amim«, Prof. Jakob Katz & Mosche Herschko, Dwir Verlag, Tel Aviv 1962.
Nr. 7: »Historia Klalit« – (Romi) A. Cherikover, Tel Aviv 1963.
Nr. 8: »Toldot Jisrael bi-tkufat ha-bait ha-scheni« Dr. U. Rappaport, Amichai Verlag, Tel Aviv 1967.
Nr. 9: »Toldot Jisrael«, Avivi & Perski, Jawneh Verlag, Tel Aviv 1970.
Nr. 10: »Toldot Am Jisrael«, B. Achija & M. Harpas, Schrebrek Verlag, Tel Aviv 1971.
Ferner: »ha-natzrut ha-kduma«, Erziehungsministerium, Jerusalem 1971.

Um einen rein äußerlichen Vergleich mit dem »Judenbild« in christlichen Schulbüchern zu vermeiden, muß hier noch folgendes vorausgeschickt werden: Die Rede ist hier von Schulen und Lehrern, deren Tradition es Jahrhunderte lang vermied – oft gemäß den Gesetzen ihrer Gastländer oder aus Furcht vor kirchlichen Strafmaßnahmen –, den Namen Jesus auszusprechen, geschweige denn ihn als »schulreif« zu betrachten.
Die Rede ist hier von Kindern, die so gut wie nichts vom Christentum wissen, aber aus Elternhäusern kommen, wo die persönliche Erfahrung dazu verführte, Kreuz und Hakenkreuz als eng miteinander verwandt anzusehen.
Auch muß man mitbedenken, daß hier die Rede von einer Religionsgemeinschaft ist, die theologisch autonom ist und keines Hinweises auf andere Glaubensbekenntnisse bedarf, um ihr Weltbild und Gottesverständnis zu klären und zu lehren.
Von den zehn Büchern, auf denen unsere Textanalyse basiert, sind zwei für Grundschulen, der Rest für Mittelschulen bestimmt. Das älteste Buch stammt aus dem Jahre 1946; das jüngste trägt das Datum: Herbst 1971. Quantitativ variiert die Beschreibung Jesu von einem Minimum von kaum zwei Zeilen, wenn auch eineinhalb Seiten der »Messianischen Gärung« gewidmet sind, bis zu einem vollen Kapitel von über vier Seiten, während Paulus mit fünf Seiten bedacht wird. Nur in den ultra-orthodoxen Schulen der Agudat-Israel, in denen rund 24 000 Kinder – weniger als 3 Prozent der Schulbevölkerung – lernen, wird Jesus totgeschwiegen. Sieben Bücher nennen den Nazarener »Jeschu«, was sowohl philologisch korrekt ist als auch dem heutigen Sprachgebrauch der Benennung Jesu entspricht. Das hat zur Folge, daß Jesus »vereinzigartigt« und an den Rand des Judentums gestellt wird. Nur drei Bücher nennen ihn »Jeschua«, was nicht nur dem geläufigen Bibel-Namen »Josua« entspricht, sondern auch so gut wie identisch mit »Jehoschua« ist, einem häufigen Vornamen im heutigen Israel.
Alle Texte unterscheiden klar und deutlich zwischen Jesus, dessen Judesein überall betont wird, und der Christologie der späteren Kirche. Sieben der Texte unterscheiden auch klar zwischen dem Nazarener und der jesuanischen Urgemeinde.

Nicht weniger klar wird die Beeinflussung Jesu vom Zeitgeist seiner Epoche, seine torahtreue Erziehung und die grundlegende Biblizität seiner Botschaft hervorgehoben.
Paulus wird ausnahmslos als Gründer der Kirche bezeichnet, der ihre Loslösung vom Judentum verursacht hat. Einige Bücher bedienen sich dabei des Wortspiels: »Er verwandelte eine Sekte (»kat«) in eine Religion (»dat«).
Im übrigen stützen sich die meisten Autoren weitgehend auf das jüdische Jesusbild der Historiker Heinrich Graetz, Simon Dubnov und Joseph Klausner.
Doch nun zu den Texten selbst:
»Im Rahmen der Missetaten des Pilatus ist besonders sein Befehl bekannt, Jesus den Nazarener zu kreuzigen, der zu jener Zeit lebte und tätig war.«
Diese eineinhalb Zeilen (auf hebräisch) im Geschichtsbuch Nummer 9, die den Schlußsatz des Kapitels: »Pontius Pilatus – Tyrann und Unterdrücker« darstellen, sind der Versuch, Jesus möglichst kurz, wenn auch nicht ungünstig abzufertigen.
Der Zusammenhang der Stelle macht es klar, daß Jesus auf seiten der jüdischen Freiheitskämpfer stand und daß seine Kreuzigung ein Akt der antijüdischen Unterdrückungspolitik des grausamen Landpflegers war.
Das folgende Kapitel »Die messianische Gärung« nennt zwar Jesus nicht namentlich, spricht aber von »Endzeitverkündigern ... und Männern, die sich als Messias und Erlöser proklamierten«, an die nicht nur viele Juden, »sondern auch Fremde glaubten«. Die wachsende Ausbeutung durch die Römer und Römlinge, die Armut der Bauernschaft und die Sehnsucht nach der verheißenen Erlösung vom brutalen Heidenjoch werden als die Hauptursache genannt, die zur »messianischen Gärung« führen mußten.
Nicht viel länger in ihrer Darstellung ist die älteste Ausgabe aus dem Jahr 1946 (Nr. 1), die Jesus und seinen Jüngern die folgenden neun Zeilen unter dem Titel »Eine jüdisch-messianische Sekte« widmet:
»Eine solche messianische Sekte war die Gruppe, aus der später die christliche Religion hervorging. Ihre Anhänger glaubten

an einen Messias, der Jeschua hieß, im Lande Israel auftrat, von den Römern gefangen und gekreuzigt wurde, aber am dritten Tag nach seiner Beerdigung in einem Felsengrab zum Leben auferstand. Hierauf fuhr er in den Himmel, um zur rechten Zeit zu seinen Gläubigen zurückzukehren. Die Sektenmitglieder warteten daher auf die Rückkehr ihres Messias und unterschieden sich nur in dieser Sehnsucht vom Rest des Volkes Israel ... Die Messiaserwartung war damals tief und intensiv im Herzen des ganzen Volkes verwurzelt. Es war daher kein Wunder, daß es Juden gab, die dachten, der Messias sei schon gekommen.«
Hierauf folgen rund zwei Seiten über die schrittweise Trennung der Frühkirche von ihrer »Mutter«, eineinhalb Seiten über »Saul von Tarsus«, zwei Seiten über »Die Jesuslegende« und eine Seite über »Judenchristen und Heidenchristen«.

Herkunft Jesu

Nur sechs der zehn Bücher beschäftigen sich mit Jesu Geburt, Familie, Kindheit und Erziehung, wobei alle deutlich zwischen »plausiblen Tatsachen« und dem »späteren Legendenkranz« unterscheiden, so zum Beispiel:
»Jesus war der Sohn einer Tischlerfamilie in Nazaret. Er lernte Torah aus dem Munde der Schriftgelehrten ... Wahrscheinlich las er auch eschatologische Bücher und erbauliche Schriften, die zur Zeit des Zweiten Tempels sehr verbreitet waren« (Nr. 5).
»Jesus stammte aus Nazaret ... seine Familie gehörte zum einfachen Volk« (Nr. 8).
»Jeschu (Jeschua) war der Sohn Josephs, eines Tischlers aus Nazaret, und dessen Frau Miriam« (Nr. 7).
Alle vier Bücher, die anschließend die Jungfrauengeburt, den Kindermord zu Bethlehem, Jesu davidische Abstammung und seine Auferstehung als dem späteren »Legendenkranz« zugehörig erwähnen, betonen die heidnische Herkunft dieser »Mythen«. Sie seien im Fahrwasser des Paulinismus in den ursprünglichen Jesusglauben eingedrungen und dem Geschmack der Heiden angepaßt worden.

Johannes der Täufer

Fünf der zehn Bücher erwähnen Johannes den Täufer – entweder als geistigen Vorläufer oder als Lehrer Jesu. Alle Hinweise, die von vier bis sechzehn Zeilen variieren, zeichnen ihn als eine fast heldenhafte Gestalt:

»... Die einfache Volksmenge in Galiläa erwartete sehnsüchtig den Erlöser – jeder nach seiner Mentalität und Auffassung. Auch Jochanan wurde für einen solchen Erlöser gehalten. Wegen seines Aufrufes, im Jordan das Tauchbad zu nehmen, zur seelischen Läuterung angesichts der nahenden Erlösung, nannte man ihn Jochanan den Täufer. Aus Angst vor einem revolutionären Aufruhr wurde er von Herodes Antipas hingerichtet ... Auch Jesus wurde sicherlich von solchen Strömungen angezogen ... In ihm stärkte sich die Überzeugung, daß ihm die gleiche Aufgabe bestimmt sei, mit der Jochanan der Täufer, sein Vorgänger, begonnen hatte« (Nr. 4).

»Jochanan, genannt der Täufer, war ein Einsiedler, der das Volk zur Reue aufforderte ... Zu jener Zeit der starken Messiaserwartung erregte er großes Aufsehen unter den Volksmengen ... die Evangelien wollen in ihm eine Art von Prophet Eliahu sehen, der die Ankunft des Messias Jesus verkündet« (Nr. 5).

»Zur Zeit der politischen und sozialen Gärung im Lande Israel, die dem Krieg der Juden gegen Rom voranging, erhoben sich zahlreiche Männer inmitten des Volkes, die sich selbst als den Messias ansahen, das Volk gegen die Römer aufhetzten und die baldige Erlösung prophezeiten ... Einer dieser Leute war Jochanan ... einer seiner Schüler war Jeschu (Jeschua) ... auch er heilte Geisteskranke« (Nr. 7).

»... in seiner Jugend gehörte Jeschu zu denen, die sich von Jochanan taufen ließen ... dieser Kontakt bezeugt die Beziehung, die Jeschu zu den eschatologischen Strömungen innerhalb des Judentums seiner Epoche hatte ... Nach seiner Taufe (eigentlich Tauchbad) bei Jochanan begann Jeschu das nahende Gottesreich zu predigen« (Nr. 8).

Die Botschaft Jesu

Sieben der Bücher erörtern die Frohbotschaft Jesu, die meistens seine »Lehre« (Torah) genannt wird. Alle sieben sehen in seiner Verkündung des nahenden Himmelreiches den Kern des Kerygmas, betonen die Judaizität – oder Bibelgebundenheit – seiner Predigt; fünf zitieren längere Auszüge aus dem Neuen Testament, um seine Torah-Treue zu belegen; drei unterstreichen sein Pharisäertum, und nur ein Buch (Nr. 6) beschuldigt ihn des Anti-Rabbinismus.

Zwei Bücher weisen auf die Affinitäten zwischen den Rollen vom Toten Meer und der jesuanischen Eschatologie hin. Charakteristische Auszüge lauten:

»Jesus predigte ein moralisch lauteres Leben und die Pflicht, allen Menschen zu vergeben und zu verzeihen, sogar Bösewichten und Feinden« (Nr. 3).

»Jesu moralische Aufrufe, die alle dem Mutterboden jüdischer Ethik entsprießen, besonders was die soziale Gerechtigkeit anbelangt – gegen die Reichen und für die Armen –, machten ihn zum Helden des Tages« (Nr. 4).

»Sein Einfluß stammte hauptsächlich aus seinen eindringlichen Moralpredigten, die den Bestrebungen der armen Volksmassen entgegenkamen. In seinen ethischen Forderungen – sogar wenn alles, was ihm zugeschrieben wurde, wahr ist – ist wenig Neues zu finden, wenn man seine Worte mit den Forderungen der Schriftgelehrten seiner Zeit vergleicht« (Nr. 5).

»Seine Jünger verehrten ihn sehr und sahen ihn als heiligen Mann an. Schrittweise begann auch er an sich selbst zu glauben – daß er von Gott gesandt sei. Dann fing er an, die Meinung zu äußern, daß man die Gesetze der Torah nicht nach der Tradition der Weisen halten müsse, sondern daß er die Autorität habe, die Torah nach seiner eigenen Weise auszulegen« (Nr. 6).

»Jesus wanderte von Dorf zu Dorf in Galiläa und predigte in den Synagogen über eine lautere Lebensweise und über die nahende Erlösung« (Nr. 7).

»Nach der Taufe bei Jochanan begann Jesus die Ankunft des

Himmelreiches zu predigen ... mit dieser Botschaft durchwanderte Jesus Galiläa und zog viele an sich ... Seine Predigt konzentrierte sich hauptsächlich auf die Ethik. Der Glaube, den er forderte, kannte keine Grenzen und bedurfte nicht der genauen Befolgung aller Gesetzesvorschriften. Der wahrhaft Gläubige sollte vor allem vollkommen ehrlich sein, denn Heuchelei war Jeschu besonders verhaßt. Verbrüderung und Liebe kennzeichneten seine Beziehungen zu allen Menschen« (Nr. 8).

Der Messiasanspruch

Nur eines der zehn Bücher besagt, daß Jesus glaubte, »er sei der Messias« (Nr. 10). Ein anderes (Nr. 5) ist der Meinung, sein späteres messianisches Selbstverständnis sei die Folge der Messianität, die seine Jünger ihm zuschrieben. Drei Bücher erwähnen den Messiasanspruch überhaupt nicht, während fünf Bücher den indirekten Messiasanspruch nur bei seinen Jüngern und Anhängern sehen.

»Die Mitglieder der (christlich-jüdischen) Sekte glaubten an einen Messias, dessen Namen Jeschua war« (Nr. 1).

»In den Augen seiner Jünger war er ein Messias, der in sich die Eigenschaften eines Menschen und eines Gottessohnes vereinte« (Nr. 3).

»Im Laufe der Zeit wurde er in den Augen seiner Anhänger zum Messias – Gottessohn erhöht« (Nr. 4).

»Seine Jünger fingen an, in ihm den Messias zu sehen, der sie ins Gottesreich führen würde – und auch er selbst begann sich so zu verstehen« (Nr. 5).

»Seine wenigen Schüler aus dem Landvolk (Am ha-Aretz) begleiteten ihn auf seinen Wanderwegen und sahen ihn als Messias an ... sein Auftreten in Jerusalem erweckte Besorgnis im Herzen der Priester, die vor ›Messiassen‹ und Lügenpropheten berechtigte Befürchtungen hatten« (Nr. 7).

»Jeschua von Nazaret, der versprach, sein Volk zu erlösen, fiel – wie andere vor ihm, die sich für den Messias gehalten hatten – in die Hände der römischen Behörden ... Es ist schwer festzustellen, inwieweit Jeschua sich selbst als Messias oder

Gottessohn verstand ... es mag sein, daß er sich später als Messias ansah, wie aus einigen seiner Worte und Taten in Jerusalem zu folgern möglich ist« (Nr. 8).
»Jeschu von Nazaret ... sammelte einen großen Kreis von Schülern um sich, mit denen er nach Jerusalem hinaufstieg, beseelt vom Glauben, daß er der Messias sei und daß er das Volk überzeugen könne, ihn als solchen anzuerkennen« (Nr. 10).

Verurteilung und Kreuzigung

In sieben Büchern verursachen die Römer den Tod Jesu (zwei Texte nennen es »Die Ermordung von Jeschu«), wobei Pontius Pilatus, dessen Grausamkeiten historisch belegt werden, der Hauptschuldige ist. Da »Prokurator« auf hebräisch mit demselben Wort wiedergegeben wird, das zur Bezeichnung des britischen Hochkommissars in Palästina gebräuchlich ist (Natziv), unter dessen Herrschaft etliche jüdische Freiheitskämpfer 1946/47 verurteilt und hingerichtet wurden, gewinnt die Passionsgeschichte beträchtlich an zeitgenössischer Aktualität.
In vier Büchern besteht ein deutlicher Zusammenhang zwischen dem Messiasanspruch – aus dem Munde Jesu, seiner Jünger oder der Volksmenge – und seiner Verurteilung aus vorwiegend politischen Gründen. Nur zwei Bücher folgen im großen und ganzen dem Talmudbericht[8], wobei das Todesurteil, torahgemäß, durch das Synhedrium gefällt wird, um dann von Pilatus ratifiziert und ausgeführt zu werden.
Ein Buch (Nr. 8) widmet der Erörterung der Schuld an Jesu Tod eine tiefer schürfende Analyse (1 ½ Seiten), deren Hauptpunkte in der Folge zitiert werden sollen:
»Er wurde von den Römern gefaßt und gekreuzigt« (Nr. 1).
Nachdem Text Nr. 4 die wesentlichen »Abweichungen« Jesu vom normativen Judentum erörtert – besonders das Wort »Mein Reich ist nicht von dieser Welt«, womit Jesus »die Lebensauffassung Israels verwarf« –, heißt es:
»Aufgrund dieser fundamentalen Widersprüche und Gegen-

---

[8] Baraitha Sanhedrin 43 a.

sätze mußte es unvermeidlich zum Konflikt kommen. Den Evangelisten gemäß verurteilte das Synhedrium Jeschu zum Tode und übergab ihn dem Landpfleger Pilatus zur Hinrichtung. Nach Römerbrauch wurde Jeschu ans Kreuz geschlagen.«
»Sowohl der Verrat von Jehuda Isch-Krayoth als auch der Bericht über das Synhedrium, das Jesus angeblich zum Tode verurteilte und dem Pontius Pilatus zur Hinrichtung auslieferte, ist eine Erfindung. Zu jener Zeit besaß das Synhedrium gar nicht das Recht, bei Kapitalverbrechen zu richten.
Nach der Erzählung der Evangelien fand sein Prozeß am Festtag statt, was völlig undenkbar ist. Wie dem auch sei, die Tatsache bleibt, daß er auf Befehl von Pilatus gekreuzigt wurde« (Nr. 5).
»Nach seiner Ankunft in Jerusalem wurde der Nazarener (dieses Wort ist auf hebräisch synonym mit: der Christ) als Volksverführer festgenommen, der Israel von der Torah abspenstig machen wollte. Er wurde von dem Synhedrium vor Gericht gestellt und für schuldig befunden. Das Synhedrium überlieferte ihn dem römischen Statthalter namens Pontius Pilatus.
Dieser bestätigte Jesu Todesurteil, da er in ihm einen Rebellen gegen die Staatsgewalt sah, dessen Absicht es war, sich zum König über das von den Römern versklavte Volk Israel krönen zu lassen: Das Urteil wurde vollstreckt und Jeschu an einem Baum (oder: Holz) gekreuzigt, wie es die Römer mit denen zu tun pflegten, die sie zu Tode verurteilt hatten« (Nr. 6).
Zum Vergleich sei hier der Bericht aus der Baraitha Sanhedrin 43a zitiert:
»Am Vorabend des Pessach-Festes haben sie Jesus gehängt. Der Herold aber ging vierzig Tage lang vor ihm her: Dieser geht hinaus, um gesteinigt zu werden, weil er Zauberei getrieben und Israel verführt und gespalten hat. Jeder, der etwas zu seinen Gunsten weiß, komme und plädiere für ihn. Aber sie fanden nichs zu seinen Gunsten und hängten ihn am Vorabend des Pessach-Festes.«
Nach Meinung der heutigen Talmudforschung stammt diese legendäre Baraitha aus den Jahren 180–200, als die heidenchristliche Trinitätslehre in ihrer volkstümlichen Fassung den

Rabbinen als Vielgötterei vorkommen mußte. Da zu jener Zeit etliche Juden ihre Brüder zum (ebionitischen) Jesusglauben »verleiteten« – ein Verbrechen, das, falls es sich um »andere Götter« handelte, nach jüdischem Recht (Dtn 13,7–12) durch Steinigung geahndet werden mußte, worauf der Leichnam aufgehängt wurde –, wurde auch ihr Meister und »Messias« von den Rabbinen nachträglich zum Volksverführer gestempelt und posthum als solcher bestraft. Aus diesem polemisch plausiblen Grund nahmen die Rabbinen die volle »Schuld« – aus ihrer Sicht eigentlich ein Verdienst – für Jesu Hinrichtung auf sich, eine Schuld, die ihnen, historisch zu Unrecht, von den Christen vorgeworfen wurde.

Falls die zahlreichen torahtreuen Logia Jesu in den Evangelien auch nur einen Kern von historischer Wahrheit enthalten, ist die »Volksverführung« Jesu genau so undenkbar, wie die »Gotteslästerung« (Mk 14,64; Mt 26,65), die er nach keinem der vier Evangelien begangen hat, denn weder ein Messiasanspruch (Mk 14,61 f.) noch die Anmaßung der »Gottessohnschaft« (Mt 26,63 f.) sind nach jüdischem Recht blasphemisch oder Verbrechen, die mit dem Tode bestraft werden könnten.

Die obige Schulbuchschilderung (Nr. 6) hofft die »veritas in medio« zu finden und verbindet Elemente der Talmudversion mit den Evangelienberichten zu einer historisch nicht unmöglichen, wenn auch kaum wahrscheinlichen Rekonstruktion. Doch nun zu den anderen Texten:

»(Jesu) Auftreten in Jerusalem erweckte Besorgnis im Herzen der Priester, die »Messiasprätendenten« und Lügenpropheten fürchteten. Nicht weniger besorgt war der römische Prokurator, denn jede Unruhe im Volk konnte leicht zu einer antirömischen Revolutionsbewegung führen. Pilatus befahl daher, Jeschu festzunehmen und ihn vor seinen Richterstuhl zu bringen. Sein Urteilsspruch war Kreuzigung« (Nr. 7).

»Die römischen Behörden, die jedermann beargwöhnten, sahen in Jeschu einen politischen Rebellen, der die Sicherheit ihrer Herrschaft gefährdete. Daher befahl der römische Statthalter Pilatus, ihn als Rebell gegen die Staatsgewalt zu kreuzigen« (Nr. 10).

Auszüge aus Text Nr. 8, der der Passionsgeschichte eine längere Erörterung widmet, lauten:
»Jesu Tätigkeit in Jerusalem ... verursachte seine Festnahme und Hinrichtung ... Dieser Kreuzestod ist der Grundstein des Antisemitismus in christlichen Ländern, der auf der Anklage beruht, die Juden seien ›Messiasmörder‹ ... Nachdem Jesus die Gefühle des Volks aufgewühlt hatte ... nahmen ihn die Leute des Hohenpriesters fest und brachten ihn vor das Synhedrium. Dieses befand sich in einer sehr delikaten Situation ... Sogar ein friedliebender ›Messias‹ hätte damals die öffentliche Ordnung gefährden können ... besonders zur Pessachzeit, da viele Tausende von Pilgern die Heilige Stadt überfüllten und wo des öfteren schon Unruhen ausgebrochen waren ... sein Arrest war höchstwahrscheinlich aus Sicherheitsgründen erfolgt, jedoch nach den Evangelien waren die Anklagen, die man gegen ihn erhob, vorwiegend religiöser Natur ... Am folgenden Tag wurde Jesus vor den römischen Statthalter gebracht, der ihn zur Kreuzigung verurteilte, offensichtlich als Prätendent des Titels ›König der Juden‹, der mit Sicherheit auf Jesu Messianität anspielt, jedoch nicht weniger das Element der Rebellion gegen die römische Macht beinhaltet. Die Messiasidee als solche stellte ja eine klare Absage an die römische Macht dar und galt daher als Aufruhr ... Der Arrest Jesu wurde vom Hohenpriester bewerkstelligt, aber sein Urteil sprach der Statthalter aus ... Die Geschichte, laut der die Juden Pilatus gezwungen hätten, Jesus zu kreuzigen, entstammt der christlichen Theologie ... Die Verhängung der Todesstrafe war damals alleinige Kompetenz des Pilatus ... Kreuzigung als Todesstrafe ist außerdem dem jüdischen Recht unbekannt ... Jesus war nicht der einzige ›Messias‹, den die Römer ermordeten ... Wie dem auch sei, die Kreuzigung Jesu wurde zum zentralen Geschehen im Christentum« (Nr. 8).
Hierzu muß erklärt werden, daß Ausdrücke wie »aus Sicherheitsgründen«, »er starb für viele«, »Festnahme« und »Hinrichtung« für israelische Ohren nur allzu vertraut klingen – und Jesus in den Bereich der eigenen Erfahrung oder des unlängst Geschehenen rücken.

Die Evangelien

In sechs der Bücher werden insgesamt 18 Stellen des Neuen Testaments zitiert, die Jesu Geburt, Taufe, Predigt und Passion belegen. Die meistzitierte Perikope ist die Bergpredigt, gefolgt von Mt 10,5 f. (»geht nicht zu den Heiden...«), Mt 15,21 bis 28 (Syrophönizierin), Mt 22,34–40 (Frage nach dem ersten Gebot) und Apg 1,6 f. (Wiederherstellung des Reiches Israel).

Alle Zitate stammen aus der Übersetzung des Neuen Testaments von Delitzsch, die in Israel leicht und umsonst von den verschiedenen christlichen Missionsorganen zu erhalten ist. Drei Bücher geben detaillierte Erklärungen über die historische, literarische und religiöse Bedeutung der vier Evangelien, ihre verschiedenen Tendenzen sowie die Hauptschwierigkeiten des synoptischen Problems.

In zwei Büchern werden Zitate aus dem Alten Testament neben Zitaten aus dem Neuen Testament gebracht, um auf Ähnlichkeiten und Affinitäten hinzuweisen. Keines der Bücher erwähnt die Divergenzen zwischen den Evangelien in Einzelheiten, noch wird »Toledot Jeschu«, die mittelalterliche Schmähschrift (auch als »Anti-Evangelium« bekannt), genannt oder aus ihr zitiert.

Das Frühchristentum im amtlichen Lehrplan

Um diese breite Skala der quantitativen und qualitativen Unterschiede der Behandlung des Themas Jesus und Christentum in den Schulen einigermaßen auf einen gemeinsamen Nenner zu bringen, veröffentlichte das Unterrichtsministerium Israels im Jahre 1971 einen Lehrplan samt Schultexten, der den Titel *»ha-natzrut ha-k'duma«* (Das antike Christentum) trägt. Der Text, der für das siebente Schuljahr, also für 12–13jährige gedacht ist, wurde von einer Pädagogengruppe, die etliche Universitätsprofessoren konsultierte, erarbeitet und als »Versuchstext« im Rahmen der Musterlektionen für den Geschichtsun-

terricht herausgegeben. Eine revidierte, verbesserte Auflage befindet sich zur Zeit in Vorbereitung.
Das 35seitige Heft enthält 17 Illustrationen, u. a. ein Fresko der Kreuzigung aus der Kirche Santa Maria Antiqua in Rom, Katakomben, christliche Symbole aus der Frühkirche, einige Kathedralen und Kirchengebäude, einen Altar, ein Taufbecken sowie eine anonyme Darstellung des Letzten Abendmahls aus dem 6. Jahrhundert.
Der Text enthält auch acht längere Auszüge aus dem Neuen Testament sowie den Text des Nicänisch-Konstantinopolitanischen Glaubensbekenntnisses. Die vier Kapitel des Heftes heißen:
1. Jesus und die ersten Christen (8 Seiten).
2. Das Christentum wird zur Religion des Römischen Reiches (12 Seiten).
3. Die christliche Religion und die Kirche (10 Seiten).
4. Die Kirche und die Juden (5 Seiten).

Da es sich hier um den ersten offiziellen Schultext in Israel handelt, der versucht, dem Thema Jesus in ökumenischer Weise gerecht zu werden, soweit dies mit den Grundsätzen des Judentums vereinbar ist, seien hier eine Anzahl von Schlüsselstellen wörtlich übersetzt.

»In welchem Ausmaß war die Tätigkeit Jeschu von der Lage des Volkes (Israel) zu seiner Zeit beeinflußt?« lautet die Leitfrage auf der ersten Seite, die als pädagogisches Ziel des Anfangskapitels zu erarbeiten ist – worauf die folgende Einleitung unter dem Titel »Hintergrund« die allgemeine didaktische Richtung angibt:

»Die Epoche nach dem Tode des Herodes war eine schwere Zeit für das jüdische Volk. Die römischen Statthalter, die Israel mit harter Hand regierten, erweckten den Widerstand des Volkes gegen ihre Herrschaft. Es gab Juden, die in die Wüste zogen, um weit entfernt von den großen Bevölkerungszentren zu leben – wie z. B. die Essener. Andere beugten ihr Haupt und warteten, bis der Zorn vorüber war, während eine dritte Gruppe Zelotengemeinschaften gründete, die fest entschlossen waren, das römische Joch mit Gewalt abzuwerfen. Auch stand immer wieder ein Messias im Volke auf: Diese Männer sahen sich als göttliche Gesandte an und scharten Volksmengen um sich, denen sie versprachen, die Erlösung zu bringen. Solche messianische Bewegungen wurden von den Römern erbarmungslos unterdrückt.«

Dieser vierfachen Reaktion auf die »Pax Romana« schließt sich der Abschnitt »Jeschu« an:

»In diese Wirklichkeit hinein wurde Jeschu geboren. Wir wissen nicht viel über sein Leben und sehr wenig von seiner Kindheit. Die vier Geschichten in den »Evangelien« im »Neuen Testament« sind die einzige Quelle, die wir haben. (Eine Fußnote erklärt »Evangelien«.)

Nach diesen Erzählungen wurde Jeschu dem Tischler Joseph und seiner Frau Mirjam aus Nazaret geboren. Das Haus Josephs war ein gesetzestreues jüdisches Heim. In ihm wuchs Jeschu heran und nahm die Torah Gottes in sich auf ... Dem Brauch der Juden jener Tage gemäß war die Familie Josephs auch gewohnt, alljährlich nach Jerusalem zu pilgern, um dort das Pessachfest zu feiern. Es ist leicht, sich vorzustellen, welch tiefen Eindruck der Tempel und Jerusalem – die damals auf dem Gipfel ihrer Blütezeit standen – auf die Seele des galiläischen Knaben gemacht haben müssen ... Im Alter von 30 Jahren kam es zu einem Wendepunkt im Leben von Jeschu, aufgrund seiner Begegnung mit Jochanan dem Täufer. Dieser Jochanan tauchte in der Umgebung von Jericho auf, proklamierte öffentlich, daß das Himmelreich bald kommen werde, und forderte die Juden auf, sich in Eile für dieses Geschehen vorzubereiten: in Reue Buße zu tun, ihre Seelen zu läutern und im Jordan das Tauchbad zu nehmen, um ihre Leiber zu reinigen.«

Nach zwei Zitaten [9] folgt der dritte Absatz: »Jeschu predigt in Galiläa«, der besagt:

»Nachdem er getauft wurde, kehrte Jeschu nicht nach Hause zurück, sondern begann, die Dörfer und Städte Galiläas zu durchwandern. Überall predigte er dem Volk, einmal in der Synagoge und ein anderes Mal auf einem der Berge; einmal

---

[9] Josephus, Ant. XVIII, 116 f.; Mt 3,1–2.4–6.13.

sprach er sogar in einem Kahn auf dem Kinnereth-See. Viele kamen, um ihn zu hören, und einige wurden von ihm derart beeinflußt, daß sie Heim und Familie verließen, um sich Jeschu anzuschließen und ihm zu folgen, wohin immer er auch ging.
Wer waren diese Leute, die Jeschu folgten – und was eroberte ihr Herz?«
Als Anregung zu einer Beantwortung dieser beiden Kernfragen folgen nun längere Auszüge aus der Bergpredigt, worauf dem Lehrer folgende drei Fragen für die schriftlichen Hausaufgaben vorgeschlagen werden:
1. Wer waren die Menschen, an die sich Jeschu wandte?
2. Welche von den Versprechungen Jeschu bewegte das Herz seiner Hörer?
3. Was verlangte Jeschu von seinen Schülern, damit sie das verheißene Ziel erlangten?
Nach einer Erklärung des Begriffes »Himmelreich« fährt der Text fort:
»Außer seinen Predigten vollbrachte Jeschu – gemäß den Evangelien – auch Taten, die das Volk als Wunder beeindruckten. In einem Dorf heilte er Gelähmte, und anderswo – so wird erzählt – speiste er eine große Volksmenge mit einigen Broten und Fischen, die er bei sich hatte.
Jeschu wurde berühmt, und als sein Erfolg wuchs, begannen seine Schüler – und auch er selbst – ihn als Messias zu betrachten, der die Erlösung und das Himmelreich bringen werde. Die Worte und Taten Jeschu erweckten den Widerstand vieler, sowohl beim Landvolk, als auch besonders bei den Führern und der Elite. Als Jeschu sah, daß die Behörden beabsichtigten, ihn umzubringen, entschloß er sich, Galiläa zu verlassen und nach Jerusalem hinaufzusteigen.«
Während im vorigen Abschnitt das Wort »Behörden« zweideutig anmutet, bringt die folgende Perikope unter dem Titel »Jeschu in Jerusalem« volle Klarheit:
»Es waren die Vortage des Pessachfestes. Die Straßen Jerusalems hallten von Pilgerscharen wider, die gekommen waren, um Pessach in Jerusalem zu feiern. Besonders groß war der

Andrang in den Vorhöfen des Tempels, der das Ziel aller Pilger war. Auch Jeschu wandte sich zum Tempel, sobald er in Jerusalem ankam. Was er jedoch dort sah, machte ihn sehr unmutig. Er sah eine Menge von Käufern und Verkäufern vor sich, da die Tische und Stände der Krämer überall aufgestellt waren, um die Bedürfnisse der Besucher zu befriedigen. Jeschu wurde zornig, da er darin eine Entweihung des Tempels sah. In einem Wutanfall griff er die Kleinkrämer an und warf sogar ihre Tische um – während er sie anklagte, das Gotteshaus in eine Räuberhöhle verwandelt zu haben.
Im Vorhof des Heiligtums wiederholte Jeschu seine Botschaft und rief die Menge auf, Buße zu tun und sich auf das Himmelreich vorzubereiten. Auch an die Priester im Tempel wandte er sich und beschuldigte sie der Entweihung. Seine harten Worte beendete er mit der Prophezeiung, daß es nicht mehr lange dauern würde, bis das Heiligtum völlig zerstört werden würde.«
Auch der letzte Abschnitt folgt im großen und ganzen der synoptischen Tradition, wobei jedoch der Prozeß Jesu die Ergebnisse der neuesten jüdischen Jesusforschung berücksichtigt. Bei der Stiftung des Herrenmahles folgt der Text der Matthäischen Version, wobei jedoch »mein Leib« dem Stil der hebräischen Bibel gemäß als »mein Fleisch« rückübersetzt wird und das Wort »Blut« – ebenfalls dem hebräischen Sprachrhythmus getreu – zweimal erwähnt wird.
Unter der Überschrift »Das Letzte Mahl« lesen wir: »Einige Tage nach den Ereignissen im Tempel versammelten sich Jeschu und seine Schüler, um das Pessachfest in einem der Häuser Jerusalems zu feiern. Die Freude erhellte jedoch ihren Festtisch nicht. Jeschu wußte, daß seine Worte und Taten im Tempel nicht ohne Rückschlag bleiben würden. Die Behörden konnten einen Mann nicht ignorieren, der behauptete, er sei der Messias, der die öffentliche Ordnung störte und drohte, daß das Heiligtum zerstört werden würde. Auch seine Schüler befürchteten, daß das Ende nahe sei. Dies brachte Jeschu zum Ausdruck, als er Brot brach: er verteilte es unter seine Schüler und sagte:

›Nehmt und esset, denn dies ist mein Fleisch.‹ Nachdem er den Segensspruch über den Becher Wein gesprochen hatte, sagte er:
›Trinket alle davon, denn dies ist mein Blut, das Blut des neuen Bundes, das für viele vergossen wird zur Verzeihung der Sünden.‹ Kurze Zeit nach dem Mahl wurde Jeschu durch die Sendlinge des Hohenpriesters festgenommen und zur Untersuchung gebracht.«

Beim Bericht des Verhörs vor dem Synhedrium geht der Schultext weiter als die Beschreibungen der drei Synoptiker:

»Bei der Untersuchung erklärte Jeschu, er sei der Messias, der Sohn Gottes. Als der Hohepriester dies hörte, zerriß er seine Kleidung und befahl, Jeschu vor den Gerichtsstuhl des römischen Statthalters Pilatus zu bringen.«

Zum letzten Absatz, »Die Kreuzigung Jeschu« betitelt, muß betont werden, daß die zweideutigen Worte »du sagst es« auf hebräisch (du sagtest es) wie ein klares »Ja« klingen:

»Auf die Frage des Pilatus: ›Bist du der König der Juden?‹ antwortete Jeschu: ›Du sagst es‹, wofür er zum Kreuzestod als Rebell gegen das Kaiserreich verurteilt wurde.

Hiermit war jedoch die Angelegenheit nicht zu Ende. Drei Tage nach seinem Tode – so erzählten seine Schüler – stand er von seinem Grabe auf, erschien seinen Schülern und verkündete ihnen, er werde bald zurückkehren und mit ihm werde das Himmelreich verwirklicht werden. Laut der Zeugenschaft dieser Schüler sammelte sich eine Schar von Gläubigen, um seine Rückkehr zu erwarten.«

Das erste Kapitel schließt mit zwei Anhängen – dem Wortlaut der Passion nach Markus und der Abbildung einer italienischen Pietà –, gefolgt von drei Themenvorschlägen für Hausarbeiten:

1. Was waren die Hauptgedanken, die Jeschu äußerte?
2. Wer folgte ihm, und wer war gegen ihn?
3. Warum wurde Jeschu hingerichtet?

Die drei folgenden Kapitel des Leitfadens erörtern die Entwicklungsgeschichte des Christentums von der Urgemeinde bis zu seinem »Sieg« unter Kaiser Konstantin, wonach zehn Sei-

ten der Kirchendogmatik, den Sakramenten und den »Grundsätzen des christlichen Glaubens« gewidmet werden.
Das letzte Kapitel »Die Kirche und die Juden« versucht sine ira et studio das Phänomen des kirchlichen Judenhasses so objektiv wie möglich zu erklären, wobei eines der Themen für Hausarbeiten die allgemeine Stellungnahme der Autoren charakterisiert:
»Konnte die Tatsache, daß die Christen sich selbst als das wahre Israel betrachteten, ein Gefühl der Gemeinschaft zwischen Christen und Juden fördern – oder fand das Gegenteil statt?«
Doch davon soll noch anderswo die Rede sein.
Ein Jahr nach der Veröffentlichung der Erstausgabe des Lehrplans über »Das antike Christentum« verbreitete das Unterrichtsministerium in Jerusalem einen »Leitfaden für Lehrer«, der als Arbeitshilfe zum religionspädagogischen Curriculum gedacht ist, das, wie des öfteren betont wird, didaktisches Neuland erschließen soll. Die Entstehung des Christentums und die Geschichte der Kirche sind Gegenstand ordentlicher Studien an der Hebräischen Universität in Jerusalem schon seit über einem Jahrzehnt, während die Geschichte des Frühchristentums in den meisten Mittel- und Hochschulen seit Mitte der fünfziger Jahre gelehrt wird. Meist hing es allerdings von den jeweiligen Lehrkräften ab, wieviel Unterrichtsstunden dem Thema gewidmet wurden, welche Teilaspekte besonders betont wurden und welcher Grad von wissenschaftlicher Objektivität erreicht werden konnte. Dieser Thematik quantitativ und pädagogisch gerecht zu werden und damit eines der heikelsten Kapitel in der jüdischen Geschichte zu ent-emotionalisieren ist der Hauptzweck beider amtlicher Veröffentlichungen. So heißt es auch im Vorwort des Leitfadens für Lehrer:
»Die Stellung, die das Christentum und die Kirche in der Weltgeschichte der Zivilisation einnehmen, bedarf keiner besonderen Betonung. Ihr Einfluß war so weitgehend, daß jedwedes Verständnis von Weltkultur schwer vorzustellen ist ohne eine – wenn auch oberflächliche – Vorkenntnis des Christentums und seiner Kirche. Dieses Kapitel gewinnt besondere Wichtigkeit von der Tatsache unseres Judeseins her. Die Einstellung der

Christenheit zum Judentum hat das Schicksal des jüdischen Volkes zwei Jahrtausende lang tief und tragisch beeinflußt. Wir haben uns bemüht, die Geschichte des Frühchristentums so sachlich wie nur möglich zu erörtern, ohne irgendein Werturteil zu fällen. Es scheint uns wichtig, daß der Lehrer klar zwischen sachlicher Bezugnahme und subjektiver Bewertung zu unterscheiden weiß ...«

Auf Seite 2 folgt nun die Unterteilung des Gegenstandes in vier Themen:

a) Jesus und die ersten Christen.

b) Das Christentum wird zur Religion des Kaiserreiches.

c) Christentum und Kirche.

d) Die Kirche und die Juden.

Nach der Liste empfohlener Lektüre für Lehrer (ca. 1 Seite), die sich in die Materie vertiefen wollen, folgt eine Liste von Schlüsselbegriffen, die im Zusammenhang mit dem ersten Thema in der Klasse erklärt und erörtert werden sollen, wie z. B. Messianität, das Himmelreich, Taufe und Evangelium – gefolgt von vier zentralen Aspekten, denen besondere Aufmerksamkeit gezollt werden soll:

»1. Jesus der Nazarener als Jude (betone die jüdischen Momente in seinem Leben!).

2. Jesus als Rebell gegen das Judentum (in Ideologie und Praxis).

3. Jesus in den Augen der jüdischen Führerschaft seiner Zeit.

4. Die hauptsächlichen Ideen Jesu:

    a) der Inhalt seiner Predigt (die Werte, die er verwirklicht sehen wollte),

    b) die Grundlage, die er seiner Lehre gab (die Bibelgebundenheit ist hier zu betonen).«

Unter dem Titel »Methodische Vorschläge« lesen wir den Ratschlag, der unlängst zu einem empörten Leitartikel in der orthodoxen Presse sowie zu einigen Proteststimmen im Parlament geführt hat:

»Ähnlichkeiten und Kontraste zwischen Jesus und einem der Propheten Israels wie z. B. Elia sollen erarbeitet werden. Einer der Schüler könnte beauftragt werden, eine Liste vorzubereiten, die erklärt, was die Tätigkeiten Elias und Jesu gemeinsam haben und worin sie sich unterscheiden. Es ist anzunehmen, daß Schüler in der ethischen Predigt und in den Wundern, die beide vollbrachten, die naheliegendsten Ähnlichkeiten sehen werden. Was den Kontrast betrifft, sollte die Tatsache hervorgehoben werden, daß Jesus nicht behauptet, er sei ein Prophet – jedoch wagt, Dinge zu sagen, die kein Prophet vor ihm je ausgesprochen hatte (so z. B. in der Bergpredigt, im Widerspruch zu Torah-Satzungen: ›Ich aber sage euch . . .‹).«

So hieß es im Leitartikel von »Hamodia«, der Tageszeitung der kleineren orthodoxen Partei Agudat-Israel (vier Sitze von 120 im Parlament) am 26. Januar 1973:

»Die Judenmission hätte keinen glorreicheren Sieg feiern können, als den, zu der ihr die Tatsache, die unlängst durch puren Zufall entdeckt wurde, verholfen hat. Ihre Arbeit wird nämlich von jüdischen Lehrern im Regierungsdienst verrichtet – und kein Mensch erhebt Einwände dagegen. Im Gegenteil! Man versucht, den bitteren Aufschrei verstummen zu lassen, der gegen . . . christliche Predigt in israelischen Schulen . . ., gegen die Einführung christlicher Elemente in den jüdischen Unterricht protestiert . . . Vom jüdischen Schüler wird heutzutage verlangt, Vergleiche zu ziehen zwischen dem Propheten Elia und ›jenem Mann‹!« – die übliche Art im jüdischen Mittelalter, Jesus zu umschreiben.

Die Tatsachen sind in diesem Artikel völlig korrekt dargestellt, wie der Vorsitzende der Knesset zugeben mußte, als die Abgeordneten der Agudat-Israel Partei einige Tage später eine sofortige Debatte über diesen »öffentlichen Skandal« auf die Tagesordnung setzen wollten. Da es sich jedoch um eine ordnungsgemäße Praxis handelt, die bereits seit drei Jahren einen Teil der neuen Lehrpläne für Mittelschulen darstellt – wobei dem Islam nicht weniger Zeit, Mühe und Toleranz gewidmet werden –, sah das Präsidium der Knesset keine Dringlichkeit in diesem Antrag, der hierauf an die Unterrichtskommission des Parlaments überwiesen wurde.

Zumindest eine Unterrichtsstunde, die längere Ausszüge aus dem hebräischen Text des Neuen Testaments und eine Reihe

von rabbinischen Parallelen beinhalten soll, ist der Bergpredigt zu widmen, um das Ethos des Nazareners zu verdeutlichen.
Anschließend soll nun das Thema »Jesus als Jude« im Laufe eines freien Klassenforums durchdiskutiert werden, wobei vier verschiedene Standpunkte zu Worte kommen sollten:
»Jesu eigenes Selbstverständnis; die Einstellungen des Hohenpriesters, des Pontius Pilatus und letztlich die der Apostel zu ihm.«
Um echtes Einfühlungsvermögen zu fördern, werden die Lehrer ersucht, den Prozeß Jesu im Klassenzimmer zu inszenieren, wobei Schüler sowohl die Rollen der Ankläger wie auch der Verteidiger Jesu übernehmen – gefolgt von einem Plädoyer seiner Apostel, die die römischen Behörden anklagen, einen unschuldigen Juden hingerichtet zu haben.
Das zweite Thema, »Das Christentum wird zur Religion des Kaiserreiches«, soll dazu dienen, die fünf folgenden Hauptfragen zu erörtern:
»1. Die Gründe, warum eine jüdische Sekte sich zu einer unabhängigen Religion entwickelte.
2. Was änderte und erneuerte Paulus in der Lehre Jesu?
3. Welche Umstände bewirkten den Erfolg des Christentums?
4. Welchen Einfluß hatten die römischen Verfolgungen auf das Frühchristentum?
5. Was war die Motivation Kaiser Konstantins, als er die neue Religion legalisierte?«
Was die »Methodik« anbelangt, so werden die Lehrer ersucht, die Tatsache hervorzuheben, daß »Jesus selbst keine Gemeinde gründete und daß eine solche erst nach seinem Tode durch seine Schüler entstand – auf Grund der Erwartung seiner Rückkehr«.
»Beweggründe« heißt der folgende Absatz, der zwei Fragen aufwirft, denen eine eingehende Klassendebatte gewidmet werden soll:
»a) Paulus bestimmte, daß ein Christ nicht nach den Satzungen der Torah leben müsse. Wäre Jesus damit einverstanden gewesen?
b) Wie kam es dazu, daß eine kleine jüdische Randsekte zu einer

weltweiten Religion wurde, der heute fast eine Milliarde Menschen angehören?«
Zur Belebung des Themas dienen hier eine Reihe von Photographien, die Katakomben, christliche Symbole, mittelalterliche Kathedralen und Gemälde aus der Renaissance zeigen, sowie einige Landkarten, die die schrittweise Verbreitung des Christentums vergegenwärtigen, wobei betont wird, daß diese »von jüdischen Siedlungsgebieten ausgehend ihren Anfang nahm.«
Bei der zweideutigen Bewertung der Verfolgungen als Entstehungsfaktor der jungen Kirche – ein Thema, das reich an Parallelen aus der jüdischen Geschichte ist – werden die Lehrer angehalten, folgendes hervorzuheben:
»Die Tapferkeit christlicher Martyrer erhöhte das Prestige ihres Glaubens und überzeugte viele von seiner Wahrhaftigkeit.«
Schließlich versucht ein längerer Absatz einem Kernbegriff, der für Juden mit dunklen Erinnerungen aus der Vergangenheit belastet ist, seine ursprüngliche Objektivität zurückzuerstatten:
»Der Ausdruck ›Mission‹ hat zwei Bedeutungen: Eine ist praktischer Natur – die Verbreitung des Glaubens. Die zweite ist innerlich – der Herzenstrieb, den Glauben zu verbreiten, auch wenn es das Leben kosten könnte.«
Das dritte Thema »Christentum und Kirche« beschäftigt sich hauptsächlich mit Grundbegriffen der Theologie, die meistens keine genaue Parallele weder im Judentum noch in der hebräischen Sprache besitzen. So z. B.: Rechtfertigung, Dreieinigkeit, Sakrament, Messe, Kommunion und Erbsünde, Begriffe, die zuerst erklärt und dann übersetzt werden müssen.
Fünf Teilfragen sollen hier in der Klasse besprochen werden, wobei alle Schüler ermuntert werden, ihren eigenen Vorstellungen freien Ausdruck zu verleihen:
»1. Die Auswirkungen der Institutionalisierung der Kirche auf das Leben und die Gedankenwelt der Gläubigen.
2. Die Kirche als Gesellschaft – ihre Strukur, Autorität und ihre Position im christlichen Leben.
3. Beziehungen zwischen Staat und Kirche – Probleme der doppelten Loyalität.

4. Die Gottesvorstellung im Christentum – die Person Jesu, die Einheit in der Trinität.
5. Die historische Basis des Christentums – geschichtliche Ereignisse, die später eine mystische Bedeutung erhielten.«

Da dieses Kapitel wohl die schwersten Anforderungen an den Schüler stellt, wird es jedem Lehrer überlassen, ob er einige dieser abstrakten Aspekte vertiefen oder überspringen will. Falls er sich jedoch für diese Einleitung in die christliche Theologie entscheiden sollte – wohlgemerkt für Schulkinder im Alter von 12–13 Jahren –, muß er zwei Aspekte für seine Klasse über jeden Zweifel hinaus klarstellen:

»A. Das kirchliche Dogma von den zwei Naturen Jesu – der göttlichen und der menschlichen.
B. Die Frage des Monotheismus – das Prinzip der Einheit innerhalb der Dreieinigkeit.«

Angesichts der Brisanz und Schwierigkeit dieser Fragen, die der Hauptgegenstand zahlloser mittelalterlicher Disputationen waren, ergeht die folgende Mahnung an alle Lehrer:

»In der Schuldebatte ist es wichtig, sich jeden Untertons der Kritik zu enthalten, der leicht zu einer Geringschätzung von seiten der Schüler führen könnte ... es ist am besten, sich auf eine sachliche Beschreibung des christlichen Glaubens zu beschränken und jegliches Werturteil zu vermeiden.«

Unter der Rubrik »Methodik« werden Besuche im Stadtmuseum und ein Album der kirchlichen Kunst vorgeschlagen, worauf folgender Ratschlag erteilt wird:

»Ein Studienbesuch in einer Kirche kann als Teil des jährlichen Klassenausfluges eingeplant werden, um den Schülern die christliche Atmosphäre und die Kirchenliturgie besser zu vergegenwärtigen.«

Da das vierte und letzte Kapitel »Die Kirche und die Juden« besonders »starke emotionelle Reaktionen hervorrufen könnte«, werden die Lehrer ermahnt, hier jedes Wort zu wägen und die Sachlage »weitmöglichst objektiv« zu schildern. Vier Teilfragen sollen nun von Schülern und Lehrern gemeinsam analysiert und verdeutlicht werden:

»1. Die Einstellung der Christen zur hebräischen Bibel.

2. Biblische Gestalten aus christlicher Sicht.
3. Was ist ›Israel nach dem Fleisch‹ und ›Israel nach dem Geist‹ (oder ›das wahre Israel‹)?
4. Die zweideutige Einstellung der Christen zu den Juden.«
Um Objektivität zu fördern, wird es den Lehrern nahegelegt, ihre Schüler zur Klärung der Frage anzuregen:
»Wie sieht das jüdische Volk aus christlicher Sicht aus?« Zu diesem Zweck wird hier das Schema einer theologischen Bilanz vorgeschlagen, die in Kürze jüdisches »Soll« und »Haben« in zwei parallelen Spalten bringt:

»*Das jüdische Volk aus christlicher Sicht:*

Haben:	Soll:
von Gott erwählt	hartnäckig und aufrührerisch
erhielt die Weisung am Sinai	übertrat Gottes Gesetze
diente Gott	verfolgte die Propheten
bewahrte die Bibel und gab sie weiter	tötete Jesus
aus seiner Mitte erstanden die Propheten	wies Jesu Lehre zurück
brachte Jesus hervor«	

Das Handbuch endet mit einem praktischen Ratschlag biblischer Prägung, der in aller Fairneß sowohl an Lehrer als auch an Schüler gerichtet ist:
»Versuchen wir, uns in die Lage eines Christen hineinzudenken, der eben diese Bilanz des jüdischen Volkes gezogen hat. Was wird wohl seine Einstellung zu Juden sein?«
Die Reaktionen von seiten der Lehrerschaft zum neuen Handbuch sind »überraschend positiv«, wie ein höherer Beamter des Erziehungsministeriums unlängst feststellen konnte. Während die überwiegende Mehrheit den pädagogischen Trend zur Toleranz und Weltoffenheit aus eigener Überzeugung befürwortet und der Meinung ist, daß er auch im religiösen Bereich seine Geltung haben sollte, findet nur eine kleine Minderheit, fast ausschließlich Lehrer, die sich selbst als nicht-religiös be-

zeichnen, daß das Jesusbild und das Kirchenbild »allzu günstig« ausgefallen seien.

Dank einer Reihe von konstruktiven Verbesserungsvorschlägen hofft man, demnächst eine zweite, korrigierte Ausgabe des Handbuches und der Lehrtexte über das Frühchristentum veröffentlichen zu können.

Um Vorkenntnisse und Vorurteile israelischer Schulkinder über das Christentum vor Beginn des Unterrichts zu testen, wurde im Schuljahr 1971/72 an einer Reihe von Schulen ein Fragebogen verteilt. Einige hundert Schüler verschiedenster sozialer und kultureller Herkunft wurden im Rahmen des Unterrichts aufgefordert, folgende Sätze zu vollenden:

1. Jesus war ...
2. Er lebte ungefähr zur Zeit ... in ...
3. Seine Taten waren ...
4. Jesus wurde durch ... hingerichtet
5. Er starb, weil ...
6. Heute ist allen Christen gemeinsam, daß ...
7. Ein Missionar ist ein Mann, der ...
8. Ein Bischof ist ein Mann, der ...
9. Neues Testament wird ... genannt
10. Das Christentum wurde vor ... Jahren gegründet
11. Die Beziehungen zwischen Juden und Christen sind ...

Dem Fragebogen wurden zwei Bogen Papier beigefügt, die in fünf Rechtecke geteilt waren, in die jeder Schüler »schnellstens« sein Werturteil über: Araber, Mose, Christentum, Jesus und Judentum einzutragen hatte. Die Skala reichte von nett, wahr, sauber, wichtig, gut, stark bis häßlich, schlecht, schwach, nutzlos, schmutzig.

Obwohl keine Ergebnisse dieser »Schuldemoskopie« veröffentlicht wurden, bestätigen kompetente Pädagogen, daß die Vorkenntnisse über das Christentum sich als ziemlich begrenzt erwiesen, während die emotionelle Einstellung zu Jesus und Christentum im allgemeinen positiv ausfiel. So hatten z. B. Kinder aus orientalischen Elternhäusern durchgehend eine schlechtere Meinung über »Araber« als Kinder europäischer Provenienz über »Jesus« und »Christentum«. Während nur wenige imstande waren, den Anfang des Christentums zu datieren, hielten die meisten Jesus für einen Juden, der sich taufen ließ – wonach dieser »Verrat« zu seiner Hinrichtung »durch die Juden« führte. Für rund 5 Prozent der Befragten war dies der Grund, warum »die Christen uns hassen«. Nur eines unter rund 30 Kindern wußte, was das »Neue Testament« ist – »die Bibel der Gojim« war im allgemeinen die Antwort, während ein Missionar ein Mann war, »der predigte«, und ein Bischof einer, »der Gott verehrte«. Keiner der Befragten erwähnte (ganz anders als ihre Eltern) irgendeinen Zusammenhang zwischen Hitlers Völkermord, Christentum und Antisemitismus. Fast 10 Prozent behaupteten hingegen, daß sowohl Christentum als auch Islam »ihren Glauben« vom Judentum »abgeschrieben« hätten. Während die Pädagogen in der letzten Reaktion den Keim eines Chauvinismus entdeckten, der in der geplanten Neufassung des Lehrplanes gebührlich korrigiert werden soll, mag die erfreuliche Nicht-Assoziation zum Teil auf ein kleines Büchlein zurückzuführen sein, das vom Schulinspektor Dr. Arie L. Bauminger verfaßt worden ist und seit 1967 in allen Nachgrundschulen als Arbeitshilfe eingeführt wurde.

»Ehrenurkunde« betitelt, erzählt es auf 60 Seiten die rühmlichen Taten einiger »Gerechter der Weltvölker«, die ihr Leben aufs Spiel gesetzt hatten – viele verloren es sogar –, um Juden während des Zweiten Weltkrieges zu retten. Die Tatsache, daß diese rund 800 »Helden aus Nächstenliebe« 23 verschiedenen Ländern entstammten und christliche Geistliche aller Kirchen einen bedeutsamen Anteil dieser Gruppe darstellten, mag wohl bewirkt haben, daß das Auschwitz-Trauma nicht in einen antichristlichen Komplex ausgeartet ist.

Schülerfragen in der Klasse befassen sich im allgemeinen mit drei Themenkreisen.
»Was ist eigentlich der Unterschied zwischen der Botschaft Johannes des Täufers und der Predigt Jesu?«
»Gehört der Jesus nun uns – oder den Christen?«
»Warum haben ihn seine Apostel nicht verteidigt?«
Die letzte Frage insbesondere erweckte in allen Klassen laut-

starke Entrüstung über die »Feigheit der Apostel«, die ihren Rabbi im Stich ließen, gerade als sein Leben auf dem Spiel stand. Allgemeiner Widerstand ist fast immer zu bemerken, sobald die christliche Allegorie zur Sprache kommt, die in der Opferung Isaaks durch seinen Vater Abraham eine Präfiguration der Kreuzigung Jesu sehen will.

»Aber Isaak wurde doch *nicht* geopfert!« hallt es durch die Klassenräume, »Jesus hingegen starb einen grausamen Tod«.

Der Ausdruck »Judenchristen« führt zuerst regelmäßig zu schallendem Gelächter, da er für israelische Ohren ungefähr wie »arme Millionäre« klingt. Erst später, wenn es den meisten klar wird, daß eigentlich das ganze Christentum »eine jüdische Erfindung war«, wie einer es formulierte, weicht die Heiterkeit einem mehr oder minder ausgesprochenen Stolz. So schrieb z. B. ein Dreizehnjähriger in Beantwortung der Frage »Worauf darf Israel stolz sein?«, die zur Prüfung im Gegenstand »Bürgerkunde« gehört und nichts mit dem Geschichtsunterricht zu tun hat:

»Daß unser Judentum die Grundlage für zwei der größten Weltreligionen: Christentum und Islam geschaffen hat.«

Da die Sakramente und ihre Wirkungskraft eine der Hauptschwierigkeiten für das jugendliche Verständnis der israelischen Schüler darstellen, beschlossen einige Lehrer in Jerusalem, dieser Frage einen Halbtagsausflug in die Altstadt zu widmen. Anfängliche Befürchtungen von seiten einiger Schülerinnen und Eltern wurden durch vorherige Vereinbarungen mit hebräisch sprechenden Nonnen zerstreut, die die Klassen bei der ersten Leidensstation an der Via Dolorosa begrüßten. Als hierauf den Kindern Fremdworte wie Apsis, Meßbuch, Weihrauch, Taufbecken und Kruzifix anhand der passenden Gegenstände erläutert wurden, konnten einige ihre Enttäuschung über das Fehlen von *Katakomben* nicht verhehlen – ein Begriff, der offenbar einen besonderen Reiz für junge israelische Ohren besitzt.

In einer der Kirchen entbrannte eine rege Debatte über einen Laib Brot, den einer der Schüler auf einem Wandgemälde des Letzten Abendmahls entdeckte. Nach längerem Hin und Her mußte der Franziskanerpater, dem hier die Leitung anvertraut

war, zugeben, daß der Maler des 18. Jahrhunderts offensichtlich nicht genug vom Judentum verstanden hatte, um Jesus und seine Jünger zur Passah-Zeit mit ungesäuerten Mazzah-Fladen zu porträtieren.
Die einzige Schulklasse, die nicht imstande war, ihren ganzen Reiseplan durchzuführen, war die einer Mittelschule, die sich entschlossen hatte, die volle Länge der Via Dolorosa zu bewältigen. 14 Stationen von ununterbrochenen Qualen und Peinigungen, die ein wohlmeinender Dominikanerpater oft in allen Einzelheiten schilderte, war mehr, als die Jungens ertragen konnten. Als die Gruppe am Tor der Grabeskirche angelangt war, in der sich die letzten Stationen befinden, blieben nur noch drei Schüler übrig, die unter dem Vorwand »fürchterlicher Kopfschmerzen« so rasch wie möglich das Weite suchten.
Die allgemeine Stimmung am Tage nach dem »christlichen Ausflug« war eine Mischung von freudiger Überraschung über den herzlichen Empfang, der ihnen in allen Kirchen und Klöstern zuteil wurde; deutliche Zweifel betreffs der vielen »Wunder«, die ihnen aufgetischt wurden, sowie Schlußfolgerungen wie etwa:
»Es gibt eben gute und böse Christen; dumme und gescheite – genau wie bei uns.«
Eine Mittelschulklasse, die eine Pilgergruppe aus Europa im Kloster der Zionsschwestern beobachten konnte, war zutiefst beeindruckt von der sichtbaren Andacht aller Teilnehmer. Als eine der Nonnen die Steine des Eccehomobogens mit tränenden Augen küßte, verstummten die Schüler und wurden für eine längere Denkpause sehr nachdenklich.
»Na und«, sagte ein Junge nach einer Weile, »unsere Rabbiner küssen ja die Klagemauer auch – und einige weinen sogar dabei.«
Die Frage bei der Schlußprüfung, die des öfteren Erregung hervorruft, lautet:
»Welche Rolle spielten Juden bei der Hinrichtung Jesu?«
Die Antworten nennen die Evangelienberichte über den Synhedriumsprozeß eine »Unwahrheit« oder »eine klare Erdichtung«, obwohl einige Schüler bereit sind zuzugeben, daß die

Tempelpartei der Sadduzäer vielleicht mit den Römern gemeinsame Sache machen wollte. So gut wie alle Schüler zitieren die Tatsachen, daß Pilatus das Todesurteil fällte, daß die Kreuzigung eine römische Strafart war und daß römische Legionäre Jesus ans Kreuz nagelten, als unanfechtbare Beweise für die römische Schuld an seinem Tod. Im großen und ganzen betrachtet der Durchschnittsschüler das Christentum eher als eine Art jüdischer Ketzerei, nicht als eine völlig neue oder verschiedene Religion, die, wie viele in ihren Fragebogen betonen, von Saul von Tarsus, nicht von Jesus selbst gegründet wurde.

Der Nazarener ist für die meisten Schüler ein sympathischer jüdischer Idealist, wie deren zahlreiche von den heidnischen Griechen und Römern auf grausame Weise umgebracht wurden. Sein Nonkonformismus scheint ihn in der Tat vielen jungen Schulrebellen näherzubringen – wenn man von seinem Ratschlag absieht, »die andere Wange hinzuhalten«, der regelmäßig Achselzucken oder Gelächter hervorruft.

Der heutige Lehrplan über das Frühchristentum bedarf sicherlich noch mancher Korrektur, wie man in Jerusalem meint, jedoch glauben die Pädagogen auf dem richtigen Weg zu sein, um die Bibelökumene der Zukunft vom Schulaltar an praktisch und konstruktiv zu fördern.

Zum Abschluß seien in Kürze die Hauptzüge des Jesusbildes in den heutigen Schulbüchern des Staates Israel zusammengefaßt:

1. Nirgends wird Jesus mit der späteren Christenschuld des Judenhasses belastet, noch werden Rückschlüsse von der Kirche auf den Nazarener zuungunsten des letzteren gezogen.

2. Das Judesein Jesu, das für alle Texte selbstverständlich ist, führt zwar zu verschiedenen Interpretationen seiner historischen Rolle – Messiasanwärter, Endzeitverkünder, Volksverführer, Moralprediger oder patriotischer Rebell gegen das Heidenjoch –, aber das Resultat ist eine eindeutige, mehr oder minder betonte Identifizierung mit dem Nazarener, wenn von seinem Märtyrertod auf dem Römerkreuz die Rede ist.

3. Obzwar einige Texte von »Abweichungen« Jesu vom normativen Judentum seiner Zeit sprechen, überwiegen die Er-

wähnungen seiner »Torahtreue«, Bibelgebundenheit und seines jüdischen Ethos bei weitem.

Wenn diese Grundlinien mit dem »Judenbild« in den Schulbüchern des christlichen Abendlandes nach Auschwitz verglichen werden, wie es sich aus den kritischen Studien Theodor Filthauts, Hans Jochen Gamms, Herbert Jochums, Paul Demanns, der Universität zu Löwen, Bernhard E. Olsons und Charles Y. Glocks [10] ergibt, kann man schwer Wehmut unterdrücken.

Mit der einzigen Ausnahme der Evangelien – oder ihrer Quellen –, die mit Recht als Urkunden jüdischen Glaubens beschrieben wurden, beinhalten die heutigen Schulbücher Israels zweifelsohne das sympathischste Jesusbild, das je einer Generation von jüdischen Kindern durch ihre Lehrerschaft geboten wurde.

Diese Tatsache findet ihre Bestätigung unter anderem im Protest einer Gruppe von Rabbinern – die Mehrzahl sind Neueinwanderer aus Amerika und England –, die unlängst in Jerusalem öffentlich davor warnten, daß der »heroische Jesus«

---

[10] *Liste der Textanalysen des »Judentumsbildes« in christlichen Religionsbüchern:*

1. »La catéchèse chrétienne et le peuple de la Bible«, Paul Démann, Paris 1953.
2. »Israel in der christlichen Unterweisung«, Theodor Filthaut, Kösel Verlag, München 1963.
3. »Pädagogische Studien zum Problem der Judenfeindschaft«, Hans Jochen Gamm, Luchterhand, Wiesbaden 1965.
4. »Faith and Prejudice«, Bernard E. Olson, Yale University Press, New York 1963.
5. »Christian Beliefs and anti-Semitism«, Charles Y. Glock & Rodney Stark, Harper, New York 1966.
6. »Les Juifs dans la catéchèse«, Universität zu Löwen, 1971–72.
7. »Portrait of the Elder Brother«, Gerald S. Strober, National Conference of Christians and Jews, N. Y. City 1972.
8. »Jesusgestalt und Judentum in Lehrplänen, Rahmenrichtlinien und Büchern für den Religionsunterricht« von Studiendirektor Herbert Jochum, Fachlehrer für Katholische Religion am Staatlichen Studienseminar Neunkirchen/Saar (im Freiburger Rundbrief Nr. 97/100; Jahrgang XXVI, 1974, S. 24–30).

im jetzigen Unterricht der noch immer aktiven Judenmission den Weg ebnen könnte.

In der Darstellung des Judentums zur Zeit Jesu und der heutigen Juden ist zwar seit 1945 ein beträchtlicher Fortschritt zu verzeichnen, jedoch läßt sich nicht leugnen, daß auch 30 Jahre nach Auschwitz noch vieles zu tun ist. Herbert Jochum, Fachleiter für katholische Religion am Staatlichen Studienseminar, Neunkirchen/Saar, weist im Sammelband »Jesu Verhältnis zum Judentum. Das Judentumsbild im christlichen Religionsunterricht« auf bestimmte Gefahren hin, vor denen sich der katholische Religionslehrer hüten soll:
»Jesus gerät offensichtlich in die stärkste Identitätskrise, jedenfalls in den Augen der Autoren, wenn ihm die Hintergrundfolie des Judentums weggenommen wird. Unter dem Zwang, das Neue des Evangeliums, das Besondere der Botschaft Jesu zu artikulieren, und unter dem pädagogischen Zwang, es überzeugend und verständlich zu artikulieren, schafft man sich unbewußt den Kontrast im Juden, der den Menschen feind ist...«
»Das Bild, das von den Juden, auch von den heutigen, im Herzen dieser Grundschulkinder entsteht, berechtigt zu schlimmsten Befürchtungen. Und so muß Jesus schließlich auch sterben, nicht ›obwohl er ein guter Mensch war, sondern weil er ein guter Mensch war‹...«
»Die Juden als Legalisten, Etablierte, Menschenverächter sind die Juden, die man braucht, um den Normbrecher, Außenseiter und Menschenfreund Jesus profilieren zu können. Es ist überdies zu befürchten, daß das Anstößige, das Skandalöse dieses provokatorischen Tuns Jesu nicht handlungswirksam wird zugunsten der Außenseiter unserer Gesellschaft, sondern sich affektiv gegen die Etablierten und wiederum gegen die Juden wendet und so erneut Sündenbock-Projektionen ermöglicht.«[11]
Könnte das jüdische Jesusbild im heutigen Unterricht Israels nicht als Vorbild für Toleranz dienen, um das Judentumsbild im christlichen Unterricht wahrhaft christlicher zu gestalten?

---

[11] Freiburger Rundbrief, XXVI. Jg. 1974, S. 29 f.

Rabbinen über Jesus

Unter den 18 hauptsächlichen Namen und Titeln, die die neutestamentlichen Autoren ihrem Heiland verleihen, kommt »Rabbi« besonders häufig, nicht weniger als 13mal, vor.
Obwohl diese Bezeichnung zu Jesu Zeiten noch nicht die formelle Bedeutung des amtlichen »Rabbiners« erhalten hatte, war sie dennoch schon ein landläufiger Ehrentitel für bekannte Bibellehrer und Schriftgelehrte.
Nicht nur seine Jünger (Mk 9,5; 11,21; 14,45), sondern auch andere, Pharisäer (Mk 12,14; Joh 3,2), Sadduzäer (Mk 12,18) und Schriftgelehrte (Mk 12,32), sprechen ihn als »Rabbi« an, wobei »Meister« und »Lehrer« als griechische Übersetzungen dieses hebräisch-aramäischen Titels zu verstehen sind. Die Wechselbeziehungen zwischen dem Rabbi von Nazaret und seinen pharisäischen Kollegen – vor dem redaktionellen Niederschlag der heidenchristlichen Polemik in den späteren Evangelien – kommen vielleicht am authentischsten in der Frage nach dem größten Gebot zum Ausdruck:
»Und einer der Schriftgelehrten, der sie miteinander disputieren gehört und erkannt hatte, wie gut er (Jesus) ihnen antwortete, trat hinzu und fragte ihn: ›Welches ist das erste Gebot von allen?‹ Jesus antwortete: ›Das erste ist: Höre, Israel, der Herr, unser Gott, ist allein Herr, und du sollst den Herrn, deinen Gott, lieben aus deinem ganzen Herzen und aus deiner ganzen Seele und aus deinem ganzen Denken und aus deiner ganzen Kraft. Das zweite ist dieses: Du sollst deinen Nächsten lieben wie dich selbst. Größer als dieses ist kein anderes Gebot.‹ Da sagte der Schriftgelehrte zu ihm: ›Gut, Rabbi, und wahr hast Du gesagt, ›Er ist nur ein einziger, und es ist kein anderer außer ihm...‹‹ Als Jesus ihn so verständig antworten hörte, sprach er zu ihm: ›Du bist nicht fern vom Reiche Gottes.‹« (Mk 12,28 bis 34).

Was in diesem Dialog, der historisch sehr plausibel klingt, zur Rede kommt, ist vor allem die gemeinsame Liebe zum Ethos der hebräischen Bibel und die gegenseitige Anerkennung zweier Lehrer »in Rabbinicis«.

Jesus, der wie viele Pharisäer seiner Tage sowohl im Tempel (Mk 12,35) als auch in den Synagogen (Mk 1,21 ff.; 6,2) seiner Heimat lehrte, sprach den Pharisäern, trotz tiefschürfender Meinungsverschiedenheiten, nie die Lehrgewalt ab, sondern predigte mit Nachdruck:
»Alles, was sie (die Pharisäer) euch sagen, das tut und befolgt!« (Mt 23,3).
Die allgemeine »rabbinische« Einstellung zu Jesus während seines Lebens kann auch daran ermessen werden, daß er öfter als Gast bei Pharisäern eingeladen war (Lk 11,37; 14,1), daß »einige Pharisäer« ihn vor dem Mordplan des Herodes warnten (Lk 13,31) und daß der »angesehene Ratsherr«, der Pharisäer Joseph von Arimatäa, Jesu Leichnam von Pilatus erbat, um ihn ehrenvoll nach jüdischem Ritus zu bestatten. Anzunehmen ist auch, daß eine Anzahl »rabbinischer Kollegen« sich der Jüngerschar Jesu anschlossen, wie Nikodemus, der Pharisäer, es tat, der zu Jesus bei Nacht kam und bekannte: »Rabbi, wir wissen, daß du als Lehrer von Gott gekommen bist« (Joh 3,1–2).
Die erste Kirche auf Erden bestand nämlich nicht nur ausschließlich aus bibeltreuen Juden, sondern auch aus »einer großen Schar von Priestern« (Apg 6,7), einer Anzahl von Pharisäern (Apg 15,5) – also Rabbinern – sowie zumindest aus vier ultraorthodoxen Israeliten, die wie Jesus selbst (Mt 2,23) das Nasiräergelöbnis (Num 6,1–21) auf sich genommen hatten (Apg 21,23).
Das Christentum verdankt nicht nur seine Gründung der jüdischen Urgemeinde, die in Jerusalem zur Mutterkirche aller Jesusgläubigen wurde; auch der Beginn des evangelischen Schrifttums ist den schriftstellerischen Gaben zumindest eines Rabbis – des Verfassers des sogenannten »Ur-Markus« – zuzuschreiben, der aramäische, hebräische und vielleicht auch grie-

chische Vorlagen in eine rabbinische Frohbotschaft verarbeitete [1].

Doch auch Matthäus und Lukas zeigen deutliche Spuren tannaitischer Denkweisen, midraschartiger Bibelexegese und pharisäischer Argumentation, die unzweideutig auf rabbinische Quellen als Grundtext(e) für ihre Evangelien hinweisen. Wie uns die noch erhaltenen Fragmente judenchristlicher Evangelien bezeugen, war Jesus für seine jüdischen »Jesuaner« – von »Christentum« im modernen Sinn kann innerhalb der verschiedenen Ur-Gemeinden nicht die Rede sein – keine einheitliche Größe, sondern wurde vielfältig charismatisch gedeutet. Während eine Gruppe in ihm den von Mose angekündigten Propheten (Dtn 18,15) sah, war er für andere ein vollkommener »Gerechter«, der als einziger die ganze Torah zu halten vermochte. Andere hingegen verstanden ihn als Reformator der Gottes-Lehre, der gekommen war, um den Opferkult des Tempels abzuschaffen. Zumindest zwei Gruppen wollten an seine gegenwärtige oder zukünftige Messianität glauben. Gemeinsam ist all diesen Jesusbildern die Betonung seiner Torah-Frömmigkeit, seine national-religiöse Sendung, sein Widerstand gegen die Heidenmission und schließlich sein eindeutiges Menschentum, das der umstrittene »Menschensohn«-Titel betonen will, der ihn vor jedweder posthumen Vergöttlichung bewahren sollte.

»Höre Israel: Der Herr ist unser Gott, Der Herr ist einzig!« (Dtn 6,4). Dieses Grundbekenntnis des Judentums bis zum heutigen Tage bindet sowohl den Christus des Klemensbriefs (Hom 3,57) als auch den Jesus des Markus-Evangeliums (Mk 12,29) unwiderruflich an das Lehrgut seines Volkes. Um so erstaunlicher ist die Tatsache, daß Israels berühmtester Sohn, der das Abendland zum einen Gott geführt hat, in den religiösen Annalen des Judentums nur vereinzelte, dunkle, oft negative Spuren hinterlassen hat. Im talmudischen Schrifttum, das sich über rund 15 000 Seiten erstreckt, ist von Jesus und Jesus-gläubigen Juden nur auf knapp 15 Seiten die Rede.

---

[1] Für Beweise rabbinischer Schulung des Autors des »Urmarkus« siehe Robert L. Lindsey, »A Hebrew Translation of the Gospel of Mark«, Jerusalem 1969, S. 9–65.

Die Hauptschuld an dieser Anomalie trägt eine Kirche, die ihn mit unjüdischen Zügen ausstattete, um dann seinen Namen zum Werkzeug eines unchristlichen Antijudaismus zu machen. Zum »Lamm Gottes« gesellte sie unzählige Sündenböcke aus seinem eigenen Volk; Jesu Brüdern lud sie das Kreuz auf, das sie selbst nicht tragen wollte; ihr eigenes Heil verflocht sie mit dem Unheil seines Volkes.

Kein Wunder, daß die geplagten und verfolgten Rabbinen auf die Herausforderungen der sich immer aggressiver gebärdenden Reichskirche nur mit würdevollem Schweigen reagieren konnten. Eine Verschwiegenheit, die sowohl die christliche »Ketzerei« totschweigen, wie auch die häufigen Anklagen der Bischöfe entkräften sollte, Jesus würde im Talmud verhöhnt – Anklagen, die nur allzuoft als Vorwand für blutige Pogrome mißbraucht wurden. So wurden Passagen über Jesus, die häufig aus seiner unmittelbaren Umwelt stammten, verstümmelt, verzerrt oder gestrichen – von Kirchenzensoren, deren Ignoranz des Hebräischen und des Aramäischen so groß war wie ihr frommer Eifer, »rabbinische Blasphemien« gegen Jesus zu entdecken. So wurden die sogenannten Ben-Stada-Texte und andere talmudische Polemik gegen gnostische Ketzergruppen, die am Rande des antiken Judentums ein theologisches Zwitterdasein führten, von der Kirche im Mittelalter als anti-jesuanisch gedeutet, obwohl kein zwingender Grund vorliegt, sie mit Jesus in Verbindung zu bringen.

Dieser mittelalterliche Zeitgeist sprach auch aus den Mönchen, die von der Königin von Frankreich bei der öffentlichen Disputation zu Paris im Jahre 1240 gerügt wurden, »sie entehrten ihren eigenen Glauben, indem sie behaupteten, solch unflätige Dinge stünden über Jesus im Talmud«[2].

Was die Scheren der Zensur und die Scheiterhaufen der Talmud-Verbrennungen überleben konnte, fiel bald der rabbinischen Selbstzensur zum Opfer, die wohlweislich jeden Argwohn in bezug auf »jüdischen Jesushaß« im Keim ersticken wollte:

---

[2] A. Lukyn Williams, »Adversus Judaeos«, Cambridge 1935, S. 339 ff.

»Wir untersagen, unter Androhung des großen Bannfluchs, in neuen Ausgaben der Mischnah oder der Gemara irgend etwas zu veröffentlichen, was sich auf Jesus von Nazareth bezieht. Sollte diese Vorschrift nicht genau befolgt werden ... so wird dadurch über uns noch größeres Leid gebracht werden als in der Vergangenheit.«
So lautet die Erklärung der jüdischen Ältestenversammlung in Polen im Jahre 1631, und etliche rabbinische Körperschaften folgten alsbald ihrem Beispiel.
Wenn es der Judaistik und ihren Hilfswissenschaften dennoch gelang, ein halbes Dutzend glaubwürdige Passagen über Jesus aus Mischnahzeiten zu restaurieren, so rechtfertigt diese kümmerliche Nachlese die Annahme, Jesus habe wohl ursprünglich einen weit gewichtigeren Nachhall im rabbinischen Schrifttum gefunden, als die heutigen fragmentarischen Restbestände es bezeugen können.
Dies leuchtet um so mehr ein, als der historische Befund beweist, daß während fast eines halben Jahrhunderts, solange die Judenchristenheit ein Jesusbild verehrte, das mit jüdischem Glaubensgut vereinbar war, die jesuanischen Gemeinden »in ganz Judäa, Galiläa und Samaria Frieden hatten. Sie bauten sich auf und wandelten in der Furcht des Herrn und wurden erfüllt vom Trost des Heiligen Geistes« (Apg 9,31).
Nur ein Jesuanertum, das als gesetzestreue Schule innerhalb des Judentums galt – eine Art apokalyptischer Vorläufer des Chassidismus – konnte die Verteidigung erwarten, die Gamaliel, das rabbinische Schulhaupt der Pharisäer, den Aposteln der Mutterkirche vor dem Synhedrion angedeihen ließ:
»Laßt ab von diesen Leuten, und gebt sie frei. Denn stammt dieses Vorhaben oder dieses Werk von Menschen, so geht es von selbst zugrunde. Ist es aber von Gott, so könnt ihr es nicht zerstören; ihr könntet sonst als Widersacher Gottes erfunden werden« (Apg 5,38–39).
So lesen wir es in der Apostelgeschichte, die uns auch über den Erfolg dieses theologischen Plädoyers berichtet:
»Sie gaben ihm recht ... und ließen die Apostel frei« (Apg 5,39–40).

Die Schlußfolgerung für die heutige Kirche und Synagoge ist ein und dieselbe: Was zwei oder drei Jahrtausende lang allen Verfolgungen, Verirrungen und Verlockungen standgehalten hat, kann nicht bloß »von Menschen stammen«. Da das Judentum trotz dem Christentum fortlebt und das Christentum neben dem Judentum weiter gedeiht, muß Gottes unerforschlicher Wille im Sowohl-Als-auch der beiden zu suchen sein.

Zum Konflikt kam es erst, als das überschwengliche Christusbild der Außenseiter paulinischer Prägung (oder der Stephanus-Gemeinde) die Überhand gewann und in seiner hellenisierten Version die Grundlagen des jüdischen Monotheismus zu erschüttern drohte. Denn ein Heiland-Gott, der unter unmenschlichen Qualen sterben mußte, um am Kreuz für die Sünden der Menschheit zu sühnen, war in der Tat, wie sogar Paulus zugeben mußte, »den Juden ein Ärgernis« (Kor 1,23) – jedoch für eine rasch zunehmende Menge von Heiden »keine Torheit«.

Die Vergottung eines Menschen war ja für alle Rabbinen das eigentliche Skandalon aller Götzenkulte, die die Sinai-Offenbarung widerlegen sollte. Noch ehe der Konflikt den Rabbinismus zur Abwehr zwang, zerriß er die Judenchristenheit. Denn nach dem Scheitern seiner Judenmission (Apg 13,44–46) sagte Paulus sich vom »Jesus nach dem Fleische«, den er nie gekannt hatte (2 Kor 5,16), los, um »einen anderen Jesus« (2 Kor 11,4) zum Kernstück seines »Heidenevangeliums« (Gal 2,7) zu machen, das vom »Judenevangelium« (Gal 2,8) des Petrus und der anderen »Säulen« der Urgemeinde (Gal 2,9) so verschieden war wie der irdisch-verkündigende Jesus der Juden vom überirdisch-verkündigten Christus der nun stetig wachsenden Heidenkirche.

Die Verhimmelung Christi durch die Paulinisten mußte unvermeidlich zu einer Verteufelung Jesu im Sagengut der jüdischen Volksliteratur führen, die unter dem Titel »Toldoth Jeschu« [3]

---

[3] Von der umfangreichen Literatur über *Toldoth Jeschu* ist das beste Handbuch noch immer: S. Krauss, »Das Leben Jesu aus jüdischen Quellen«, Berlin 1892.

(Die Generationen Jesu) die evangelische Schönschrift in einer üblen Schmähschrift zu karikieren suchte. Weder das jüdische Evangelium noch das nicht weniger jüdische Dysangelium hatten die geringste Absicht, einen historisch akkuraten Bericht zu überliefern. Was beide beseelte, war die Glaubenskraft: Das erstere wollte die Frohbotschaft Jesu verbreiten, um Juden (und Heiden) zur Erlösung zu führen; das letztere wollte die unjüdische Anbetung eines ermordeten Juden travestieren, um potentielle Konvertiten abzustoßen.

Zwischen diesen beiden antithetischen jüdischen Jesusbildern steht der wahre, historische Rabbi von Nazaret, der weder in den Himmel noch in die Hölle gehört, sondern auf diese Erde, der sein allzu kurzes Leben und Streben galt.

Wie dem auch sei, keine der krassesten Jesus-Karikaturen der »Toldoth Jeschu« versucht, was viele Jahrhunderte später etliche protestantische Theologen fertigbrachten[4].

Weder die Geschichtlichkeit Jesu wird geleugnet, noch werden Heilungen und Wundertaten verschwiegen, und es steht auch seine Verwurzelung im Judentum fest – denn nach rabbinischem Recht bleibt jeder Sohn einer Jüdin ein Jude.

Angesichts dieser Polarisierung des galiläischen Rabbis, die bald keine Mitte mehr kannte zwischen dem »eingeborenen Gottes-Sohn« und dem »Bastard und Teufelspaktierer«, ist das noch vorhandene Jesusbild der früh-rabbinischen Literatur überraschend mild und wohlwollend. Was allen textlichen Verwischungen und Ausmerzungen standgehalten hat in jenen Talmudpassagen, wo der Bezug auf Jesus so gut wie sicher ist, ist die Erinnerung an seine Fähigkeit, im Namen Gottes zu heilen, seine Art, die Schrift auszulegen, die Tatsache, daß er Jünger hinterließ, und eine von Legenden umwobene, ungeschichtliche Überlieferung seines Prozesses und seiner Hinrichtung.

Für die Tannaiten und spätere Generationen rabbinischer Schriftgelehrter ist Jesus nie der Gottes-Sohn der christlichen Theologie – eine Blasphemie gegen das jüdische Gottesverständnis – noch der messianische Erlöser in einer nur allzu

---

[4] Wie z. B. David F. Strauß, Bruno Bauer, John M. Robertson, Arthur Drews, Paul-Louis Couchoud.

unerlösten Welt, noch der soteriologische Mittler zwischen Gott und Mensch, da dieser Begriff sowohl der biblischen Kraft der Buße als auch Gottes universaler Vaterschaft widerspricht. Die Menschwerdung, die Erbsünde, Jesu Selbstopfer und die Trinität – all diese Lehnbegriffe aus orientalischen Kulten und Kulturen blieben dem normativen Judentum fremd und den Rabbinen verpönt. Dieses rabbinische Anathema fand seinen polemischen Niederschlag in späteren Talmudschichten, hat aber mit dem historischen Jesus von Nazaret nichts zu tun. Nur wenn die Rabbinen sich herausgefordert fühlten, die nachjesuanische Christologie des Paulus zu widerlegen, macht sich ein zorniger Unterton spürbar, doch auch hier ist selten Jesus, sondern meist seine Anbeter die Zielscheibe ihrer Streitreden. So sagt Rabbi Abbahu um 270:

»Wenn jemand zu dir sagt: Ich bin Gott, so lügt er; (wenn er sagt:) ich bin der Menschensohn, so wird er es am Ende bedauern; (wenn er sagt:) Ich will in den Himmel hinauffahren, so wird er es nicht tun.« [5]

Solche und ähnliche Streitreden beziehen sich auf den Christus der Kirchenväter, mit denen etliche der Talmudväter freundliche theologische Debatten geführt hatten – nicht auf den vorevangelischen Jesus. Erst zur Blütezeit der Gemara, als Juden und Judenchristen mit vollem Einsatz gegeneinander kämpften, wie nur im letzten Verbundene um heilige Glaubenswahrheiten zu kämpfen vermögen, wird Jesus zwar der Gesetzesfälschung und der Volksverführung geziehen, aber nie gänzlich verworfen. So antwortet Jesus in einer rabbinischen Legende einem gewissen Onkelos, der sich zum Judentum bekehren will – im Widerspruch zu Bileam – mit einem Lobgesang auf das jüdische Volk:

»Hierauf ließ Onkelos Jeschu durch Totenbeschwörung erscheinen und fragte ihn, wer in jener Welt am geachtetsten sei. Israel, erwiderte dieser. Soll man sich ihm anschließen? Jeschu antwortete: Suche ihr Bestes und nicht ihr Böses; wer an sie rührt, rührt Gottes Augapfel an.« [6]

[5] P. Taanith 65 b.
[6] bGittin 57 a.

Worte der Liebe also, die durchaus ein authentisches Jesuslogion sein könnten. Auf dieses Gefühl spielt auch die rabbinische Schlußfolgerung an, mit der die didaktische Perikope endet:
»Nun wird es deutlich, wie groß der Unterschied ist zwischen einem abtrünnigen Juden und einem heidnischen Propheten.«
Für Abtrünnige hielten einander beide Seiten. Beide waren felsenfest überzeugt, die wahren und besseren Juden zu sein, aber auch in der größten Hitze des theologischen Gefechtes blieb der Andere, der Abtrünnige, immer noch Mitjude, ein verirrter, aber unabdingbarer Sohn Israels.
»Obwohl er gesündigt hat, bleibt er dennoch ein Jude!«[7] Diesen Leitsatz bezog die Mehrzahl der Rabbinen sowohl auf Jesus – in all seinen jüdischen und heidnischen Zerrbildern – als auch auf Judenchristen. Die Heidenchristen waren für das rabbinische Judentum kein theologisches Problem. Im vierten Jahrhundert wurde der Grundsatz geprägt:
»Unter den Weltvölkern gibt es keine Häretiker.«[8] Bis in die Neuzeit hinein waren die Juden für die Kirchen ein theologisches Problem, nie ein politisches. Genau das Gegenteil galt für Juden bis weit ins 20. Jahrhundert hinein.
Was sich aus der rabbinischen Polemik herausschält, ist das Profil eines Menschen, wie eben alle Helden und Schurken, alle Heiligen und Sünder der hebräischen Bibel Menschen sind. Ein Pharisäer oder ein Essener, ein Reformator oder ein Häretiker, ein Rebell, Patriot, Prophet oder ungeduldiger Endzeitverkünder, um nur die markantesten Deutungen Jesu zu nennen, aber immer und vor allem ein heißblütiger Jude, der oft wie ein chassidischer Rabbi aus Rußland spricht, dessen Liebe zu Gott alle Schranken menschlicher Konventionen sprengt. –
Die älteste rabbinische Perikope, die Jesus erwähnt, handelt von einer der Leuchten der früh-tannaitischen Periode, Rabbi Elieser Ben Hyrkanos, auch Elieser der Große genannt, dessen Lehrmeinung über 320mal in der Mischnah zitiert wird. In

---

[7] Sanhedrin 44 b.
[8] bChullin 13 b.

zwei tannaitischen Texten[9], die dreimal in späteren Quellen mit geringfügigen Abweichungen wiederholt werden[10], lobt Rabbi Elieser eine religionsgesetzliche Entscheidung, die ihm im Namen Jesu übermittelt wird.

»Als Rabbi Elieser wegen Häresie inhaftiert wurde, führte man ihn zur Richtstätte, um ihn abzuurteilen. Da sprach der römische Richter zu ihm: Wie kann ein Greis wie du sich mit solch nichtigen Dingen befassen? Elieser erwiderte: Der Richter hat recht! Der römische Richter glaubte, daß Elieser ihn damit meine, während Elieser jedoch von seinem Vater im Himmel sprach. Da sagte der römische Richter: Da du mir recht gegeben hast, sollst du freigesprochen werden. Als Elieser nach Hause kam, traten seine Schüler zu ihm, um ihn zu trösten. Er aber nahm keinen Trost an. Da sprach Rabbi Akiba zu ihm: Rabbi ... vielleicht hast du etwas Ketzerisches gehört und dir gefiel es. Vielleicht bist du deshalb verhaftet worden. Elieser erwiderte: Akiba, du hast mich erinnert! Einst ging ich auf dem oberen Markt von Sepphoris und traf da einen Schüler Jesu des Nazareners, namens Jakob aus dem Dorfe Schechanja. Dieser sprach zu mir: In eurer Torah steht geschrieben: ›Du sollst keinen Dirnenlohn in das Haus des Herrn bringen‹ (Dtn 23,19). Darf man aber aus diesem Dirnenlohn einen Abort für den Hohenpriester errichten? Du hast wohl gesprochen, sagte ich, da ich mich zur Zeit nicht an die *Halachah* erinnern konnte. Sobald er sah, daß ich ihm zustimmte, fügte er hinzu: So lehrte mich Jesus von Nazareth. Jesus bezog sich dabei auf den Propheten Micha, wo es heißt: ›Denn von Dirnenlohn sind sie zusammengebracht und zu Dirnenlohn sollen sie wieder werden‹ (Mich 1,7). Jesus fügte hinzu: ›Von Unrat kam es und zu Unrat soll es wieder werden.‹ Dies gefiel mir, und deshalb bin ich wegen Häresie (oder: christlicher Sympathien) inhaftiert worden ...«

Joseph Klausner von der Hebräischen Universität Jerusalem datiert in seinem berühmten Buch »Jesus von Nazareth« (1939)

---

[9] Tos. Hullin II, 24 und bAboda Sara 16 b.
[10] Midrasch Kohelet Raba zu Eccl 1,8; Jalkut Schimoni zu Micha I und zu Sprüche 5,6.

diese Begebenheit um 60 n. Chr. und identifiziert Jakob den Jesusschüler mit Jakobus dem Herrenbruder (Gal 1,19). So würde dieses Agraphon Jesu historisch früher sein als das älteste Evangelium und die Popularität der Sprüche Jesu beweisen, die ja bei weitem nicht vollständig im Neuen Testament niedergeschrieben wurden, wie Lk 1,1–4 und Joh 21,25 bezeugen.

Doch auch im Falle späterer Datierungen, wie z. B. 80 oder 90 n. Chr., die andere Forscher vorziehen, käme die Authentizität dieses Logions den Logia der Synoptiker mindestens gleich.

Dieses rabbinisch fünffach belegte Jesuswort vom Dirnenlohn erlaubt auch eine Reihe von weiteren Schlußfolgerungen:

1. Es beweist Jesu typisch pharisäische Auslegungsweise, die sich nicht scheut, ein Torahwort im Sinne eines Verses aus den Propheten, dem damaligen Zeitgeist getreu, umzudeuten;

2. Es beweist Jesu Umgang mit »Zöllnern und Dirnen« (Mt 21,31; Lk 7,37–50), deren er sich annimmt, um sie zur Rückkehr zur Torah zu bewegen, worin ja der tiefere Grund für diese relative »Reinsprechung« des Dirnenlohnes zu suchen ist.

3. Es beweist seine erdgebundene, oft drastische Redeweise, wie sie ja auch in Kraftworten wie »Hurerei« (Mt 5,32; 15,19; Mk 7,21), »Bauch« und »Abort« (Mk 7,19) zum Ausdruck kommt, deren er sich bei Bauern, Fischern und »Sündern« bedienen mußte, um die Pointe seiner Ethik zu veranschaulichen.

4. Es beweist, wie so viele kanonische Stellen des Neuen Testaments[11], die Verehrung, die Jesus dem zentralen jüdischen Heiligtum, dem Tempel in Jerusalem, entgegengebracht hat. Daß dies auch, der Bibel gemäß, die Priesterschaft einschloß, wissen wir aus der Heilung des Aussätzigen, dem er sagt: »Geh hin, zeige dich dem Priester und bringe die Gabe dar, die Moses vorgeschrieben hat[12] zum Zeugnis für sie« (Mt 8,4).

5. Die halachische Entscheidung Jesu ist ein Schulbeispiel für die praktische Lösung eines kultischen Problems – Hand in

---

[11] So z. B. Mt 8,4; 23,16 f.; Joh 10,22 f.; Joh 2,13–17; Mk 11,11.27; 12,41; 14,49.
[12] Vgl. Lev 14,1–32.

Hand mit der moralischen Lösung eines ethischen Problems. Einerseits mußte für den Hohenpriester, der am Versöhnungstag Tag und Nacht im Tempel bleiben mußte, um sich nicht zu verunreinigen, die Frage der leiblichen Entleerung ein akutes Problem gewesen sein. Andererseits war man in Israel nicht der römischen Meinung: *non olet* – sondern dachte, daß sündiges Geld auch eine gute Sache besudelt. Ein Abort für den Hohenpriester, nicht innerhalb des »Hauses des Herrn« (Dtn 23,19), sondern in einem der Vorhöfe, war also ein kultisch nützlicher Ausweg für eine moralisch akzeptable Verwendung des Dirnenlohns[13].

In der Reichskirche, die das Christentum zur Staatsreligion erhob, war für Juden kein Platz. Eine Dogmatik, die nur ein Gottesvolk, eine Auserwähltheit und einen einzigen Heilsweg dulden wollte, verdammte alle Juden als Christusmörder (Joh 19,5–18), die »den Teufel zum Vater hatten« (Joh 8,44), wobei die Rabbinen insgesamt zur »Synagoge des Satans« (Apk 2,9; 3,8) verteufelt wurden. So erließen in der Zeit vom 4. bis zum 16. Jahrhundert nicht weniger als 106 Päpste und 92 Kirchenkonzile antijüdische Gesetze und Bestimmungen. Vertreibung und Massenmord, Zwangstaufen und Kinderdiebstahl, Leiden und Qualen, die oft jeder Beschreibung spotteten, machen Israel zum Märtyrer, zur Leidensgestalt unter den Heidenvölkern und seine Diaspora inmitten der Christenheit zu einer tausendjährigen, blutigen Via Dolorosa.

So konsequent schien die Ausrottung der Juden, daß sich Duns Scotus, der *doctor subtilis* des 13. Jahrhunderts, ernstlich Sorgen machte, ob noch genug Juden am Leben blieben, um »ihre Bekehrung bei der Wiederkehr des Herrn nicht zuschanden zu machen...«

Es waren Zeiten, da die Kirche mehr Märtyrer umgebracht als hervorgebracht hat – meistens unter denen, die Jesus »meine Brüder« (Mt 23,40) genannt hatte; mit den Worten Karl

---

[13] Auch die sogenannte »Tempelrolle« aus Qumran, die Prof. Yigael Yadin unlängst veröffentlicht hat, gibt genaue Einzelheiten über die Aborte, die für Priester und Laien in der Umgebung des Tempels errichtet werden sollten.

Jaspers: »Die einzigen Menschen, die das lange Mittelalter hindurch in der Nachfolge Christi lebten, waren die Juden.« Wenn nicht alle Juden, die Rabbinen sicherlich.

Obzwar die Christenheit zur siegreichen, allmächtigen Staatskirche geworden war, blieb das Christentum für die Rabbinen ein theologisches Randphänomen, zu dem es eigentlich nie ein reflektiertes selbständiges Verständnis entwickelt hat. Und dennoch kann man sich kaum des Eindrucks erwehren, die sogenannte »christliche« Welt des Mittelalters habe sich gezwungen gefühlt, sich verzweifelt gegen das ohnmächtige Judentum zur Wehr zu setzen. Wie ansonsten kann man sich den fanatischen Bekehrungseifer, die oft krankhaft anmutende Rechthaberei angesichts der gedemütigten Synagoge, die Sucht nach Schaudisputationen erklären, die immer wieder von Kirchenfürsten inszeniert wurden, um mit allen Mitteln der weltlichen Macht ein rabbinisches Bekenntnis zur Messianität Jesu zu erzwingen? Oder war all dieser unchristliche Mißbrauch der Gewalt nur ein Betäubungsmittel, um innere Zweifel zu stillen, um den Verdacht zu übertönen, diese Juden seien, allen Erniedrigungen und Entwürdigungen zum Trotz, die Menschwerdung der urchristlichen Botschaft, die man längst nicht mehr hören wollte?

Wie dem auch sei, die rabbinische Abwehr mußte in diesen Zwangsdialogen sich rechtfertigen, so recht und schlecht es die Umstände eben ermöglichten.

Drei Argumente standen ihr hauptsächlich zu Gebot:

1. Auf die Anklage, Jesus werde im Talmud als Torah-Verfälscher verleumdet und verunglimpft, gab Rabbi Jechiel in der berüchtigten Disputation zu Paris (1240) zu, die talmudische Polemik beziehe sich auf Jesus, »jedoch nicht auf Rabbi Jesus von Nazareth, der sicherlich die Torah nicht verworfen hat«. Die Landläufigkeit des jüdischen Namens Jesu (Jeschua; Jehoschua; Joschua), von dessen Trägern Josephus Flavius allein ein rundes Dutzend erwähnt [14], während im Talmud nicht we-

---

[14] Jesus, der Sohn des Phabi (Ant XV, 322); Jesus, der Sohn des See (Ant XVII, 341); Jesus, der Sohn des Damnai (Ant XX, 203,213); Jesus, der Sohn des Gamaliel (Ant XX, 213,223); Jesus, der Sohn des Gamal

niger als einundzwanzig seiner Namensvettern unter den Rabbinen erscheinen, erhärtet diese Annahme weitgehend.

2. Betreffs der legendären Talmudpassage [15], nach der Jesus »am Vorabend des Pessachfestes gehängt wurde«, weil er »Zauberei getrieben, Israel verführt und gespalten hat«, sagte Rabbi Joseph Albo im Streitgespräch zu Tortosa (1413/14), daß es keine Evidenz für diese Begebenheiten gebe, die ja schon »so lange zurückliegen«, und »warum wolle man die heutigen Juden für etwas beschuldigen, was ihre Vorfahren vor vielen Jahrhunderten vielleicht begangen haben?«

3. Zum Gegenangriff ging Rabbi Nachman – berühmt im scholastischen Europa als Nachmanides – über, als ihm im Streitgespräch zu Barcelona (1263) zum unzähligsten Mal die Messiasfrage gestellt wurde:

»Wenn unsere Vorfahren, die Jesu Augenzeugen waren und ihn und seine Werke persönlich kannten, ihm dennoch keinen Glauben schenken wollten, wie können wir das Wort unseres Königs (Jakob I. von Aragonien) annehmen, der kein unmittelbares Wissen von Jesus hat noch sein Landsmann und Zeitgenosse ist, wie es unsere Väter waren? Sagt nicht der Prophet vom Messias, daß er ›von Meer zu Meer und vom großen Strom bis zu den Enden der Erde herrschen wird‹ (Ps 72,8)? Aber Jesus hat keine Herrschaft angetreten, sondern war zu Lebzeiten von seinen Feinden verfolgt und hat sich vor ihnen verborgen, fiel aber letztlich in ihre Hände und konnte sich nicht retten. Wie sollte er dann ganz Israel erretten? Selbst nach seinem Tode war die Herrschaft nicht sein, denn die Herrschaft Roms war nicht seinetwegen, sondern bevor man an ihn glaubte, beherrschte Rom den Großteil der Welt. Nach-

---

(Bell IV, 160,238,316,322,325); Jesus, der Sohn des Sapphas (Bell II, 566); Jesus, der Sohn des Sapphias (Bell II, 599, III, 450–52,457,467, 498 etc.); Jesus, der Sohn des Thebuti (Bell VI, 387–89); Jesus, der Sohn des Ananias (Bell VI 300–309); Jesus, der Rivale des Josephus (Vita, 105–11); Jesus, der Galiläer (Vita, 200); Jesus, der Schwager des Justus von Tiberias (Vita, 178,186); ein undefinierter Jesus (Vita 246).

[15] Sanhedrin 43 a.

dem sie den Glauben an ihn angenommen hatten, gingen viele Reiche zugrunde, und jetzt besitzen die Verehrer Mohammeds ein Reich, das größer ist, als es das Römische war ... Und hat euer Reich nicht abgenommen, seit es das Christentum angenommen hat?«

Die dritte Replik des spanischen Rabbinen klingt wie eine zeitlose Anklage gegen alle Pseudochristen:

»Und verkündet der Prophet nicht auch, daß im Zeitalter des Messias keiner den anderen die Kriegskunst lehren werde (Jes 2,4) und daß die Welt voll der Erkenntnis des Herrn sein wird, wie Wasser das Meer bedeckt (Jes 11,9). Jedoch seit den Tagen Jesu bis auf den heutigen Tag ist die ganze Welt übervoll des Mordens, Raubens und Plünderns – und die Christen haben mehr Blut vergossen als irgendein anderes Volk ...«

In seinem Roman »Der Letzte der Gerechten« schildert André Schwarz-Bart eine der Disputationen, in denen Christen fragten, Rabbinen antworten mußten – und wo die Antwort oft über Leben und Tod entschied:

»Begreiflich, daß auf die Frage des Bischofs nach der Göttlichkeit Jesu ein unschlüssiges Schweigen um sich greift. Endlich meldet sich ein Rabbi, zögernd tritt er vor das Tribunal. Hüstelnd vor Angst und mit einer Stimme, die nur noch ein dünner Faden ist, bringt er seine Gegenfrage vor: ›Wenn es stimmt‹, flüstert er, ›wenn es stimmt, daß der Messias, von dem unsere Propheten reden, schon gekommen ist, wie erklärt ihr dann den gegenwärtigen Zustand der Welt? Edle Herren, die Propheten haben doch gesagt, daß bei der Ankunft des Messias Weinen und Stöhnen aus der Welt verschwinden würden – nicht wahr? Und auch, daß alle Völker ihre Schwerter zerbrechen würden, oh ja, um aus ihnen Pflugscharen zu machen – nicht wahr?‹ Und schließlich, König Ludwig den Heiligen traurig anlächelnd: ›Ach, was würde man sagen, Sire, wenn Ihr vergäßet, wie man Krieg führt?‹ – Der Rabbi wurde verbrannt – im Namen Jesu Christi.«

Rabbi Saadja (882–942), das Schulhaupt der berühmten Talmudakademie zu Sura in Babylonien, war der erste jüdische

Denker, der sich systematisch mit dem Dogma der Trinität auseinandersetzte, das seine Vorgänger bislang für eine heidnische Abart des Tritheismus hielten und als indiskutabel verwarfen. Auch Saadja verwirft, wie die islamischen Religionsphilosophen seiner Heimat, die »kraß materialistisch verstandene Trinität der Massen«[16], und auch Augustins Bilder von der Trinität, die aus dem menschlichen Leben genommen sind, befremden ihn. Indem er die Unangemessenheit aller menschlichen Rede erörtert, »sobald sie den unsagbaren Gott in Worten einzufangen sucht«, bekräftigt er die Einheit und Einzigkeit Gottes. Seine Widerlegung aller Dualismen und »konkreten« Trinitätslehren gipfelt jedoch in Worten, die sein Verständnis der theologischen Trinität folgendermaßen wiedergeben:
»Man kann analog von einem Menschen sprechen, der behauptet, er bete nicht das Feuer an, sondern lediglich das Ding, das brennt, Licht ausstrahlt und aufwärts lodert – was in Wirklichkeit nichts anderes ist als eben das eine Feuer.«[17]
In seiner nun folgenden Erörterung der gesetzlichen Frage, ob Christen als Götzendiener zu betrachten seien, da sie ihre Bethäuser mit Bildnissen der Gottheit schmücken und an die Trinität glauben, kommt Saadja zur Schlußfolgerung, daß Christen als »wahre Gottesgläubige« zu achten seien, da die Trinität »ihrer geistigen Elite« nichts anderes sei als eine Art Personifizierung der göttlichen Attribute des Lebens, der Macht und des Wissens, Attribute, die die göttliche Einheit nicht beeinträchtigen, da sie ja nicht das Wesen der Gottheit, sondern lediglich die Erfahrbarkeit des göttlichen Handelns beschreiben wollen. Diese Entscheidung ist seit dem 10. Jahrhundert von fast allen rabbinischen Lehrautoritäten als verbindlich akzeptiert worden. Im Anschluß an diese Ausführungen beschäftigt sich Saadja mit Jesus. Indem er die Christologien von vier verschiedenen Kirchen einander gegenüberstellt, postuliert er

---

[16] Saadja, Kitab al-amanat wa-l-itikadat, hrsg. v. S. Landauer, S. 85 ff.; vgl. Jakob Guttmann, »Die Religionsphilosophie des Saadja«, Göttingen 1882, S. 101–107.
[17] Saadja, a.a.O. S. 104.

die Unmöglichkeit eines einheitlich klaren Jesus, dessen Messianität – im jüdischen Sinne – er in 15 Widerlegungen zu entkräften sucht: Fünf aus der hebräischen Bibel, fünf aus der Geschichte und fünf aus rationaler Beobachtung.
Ohne Jesus namentlich zu erwähnen, beschreibt Saadja als erster die jüdische Endzeitlegende vom Messias aus dem Hause Josephs – und von Armilos, der nicht ganz zu Unrecht »der jüdische Antichrist« benannt worden ist. Im vierten Kapitel seines Hauptwerks »Das Buch der Glaubensweisen und Meinungen« lesen wir:
»(Unsere Väter) überliefern uns auch ... daß in Galiäa ein Mann erscheinen werde aus den Söhnen Josephs, um den sich Männer des jüdischen Volkes sammeln werden ... dieser Mann wird gen Jerusalem aufsteigen, nach der Eroberung der Stadt durch die Römer, um dort eine Zeitlang zu verweilen. Alsdann wird er von einem Mann namens Armilos überrascht werden, der ihn bekriegen und die Stadt einnehmen wird, worauf er ihre Einwohner ermordet, entehrt und gefangennimmt. Unter denen, die getötet werden, wird auch der Mann[18] aus den Söhnen Josephs sein.«[19]
Die Quintessenz dieses Midrasch, der bruchstückhaft bis ins 2. Jahrhundert zurückverfolgt werden kann, spricht in all seinen Varianten von einem kriegerischen Messias, dem Sohne Josephs, der in Galiäa erscheinen und seine Anhänger nach Jerusalem führen werde, wo er einem antijüdischen Heiden-Herrscher zum Opfer falle. In seinem Gefolge werde der Königsmessias, der Sohn Davids, erscheinen, um schließlich seine Feinde zu besiegen und die Erlösung zu vollbringen.
Ob dieser Kriegermessias der Gestalt Jesu nachgeformt worden ist – aus parachristlichen, kryptochristlichen oder antichristlichen Gründen; ob er aus der nationalen Enttäuschung über das Scheitern und den Tod des Bar Kochba, den Rabbi Akiba im 2. Jahrhundert zum Messias erklärt hatte, zu verstehen ist oder ob die schwer zu vereinbarenden Züge der ver-

---

[18] In einer frühen Handschrift steht anstatt »Mann« der Titel »Messias«.
[19] Saadja, a.a.O. S. 301 f.

schiedenen jüdischen Messiastraditionen [20] eine Zwei-Messias-Lehre erforderlich machten – über all diese Möglichkeiten streiten sich noch immer die Gelehrten.

Wie dem auch sei, die Ähnlichkeiten im Ursprung, der Karriere und im tragischen Ende beider Galiläer bleiben eine unerschöpfliche Quelle des Rätselns und der Spekulation.

Daß Galiläa der traditionelle Ausgangspunkt der meisten jüdischen Befreiungskriege war, beweist eine ansehnliche Reihe von Rebellen, Aufrührern und Messiasprätendenten. So z. B. wurde im Jahre 47 v. Chr. ein »Räuberhauptmann« namens Ezechias von Herodes samt seiner »Bande« in Galiläa hingerichtet.

40 Jahre später griffen zahlreiche Galiläer unter der Führung von Ezechias' Sohn »Judas Galiläus« zu den Waffen, um, wie Josephus erzählt, »die Bewohner zum Abfall (von Rom) zu verführen.« [21]

Die Gründe und die Taktik Judas' erinnern lebhaft an die Methode Jesu, seines galiläischen Landsmannes:

»Er (Judas) behauptete nämlich, es sei Frevel, an die Römer Steuern zu zahlen und nächst Gott auch Sterbliche als Herren zu dulden«, heißt es bei Josephus [22].

»Wir haben festgestellt«, sagten die Hohenpriester und Schriftgelehrten nach Lk 23,2 zu Pilatus, »daß dieser (Jesus) unser Volk verführt und es abhält, dem Kaiser Steuer zu zahlen . . .«

Doch die Parallele geht noch weiter: Beide, Judas und Jesus, werden »Schriftgelehrte« genannt, was rabbinisch geschulten Pharisäern gleichkommt; das Werk beider wird von Rabban Gamaliel, dem pharisäischen Schulhaupt und Lehrer des Paulus, in einen engen Zusammenhang gebracht, der deutlich die Züge eines antirömischen Aufstandes trägt:

»Es erhob sich – in den Tagen der Schätzung (also: der Steuereintreibung, die stets Widerstand erweckte) – Judas von Galiläa und brachte einen Volkshaufen hinter sich. Auch er ist um-

---

[20] So z. B. der »mit den Wolken des Himmels kommende« Erlöser (Dan 7,13) und der »demütig auf einem Esel reitende« Messias (Sach 9,9).
[21] Bell II, 8,1.
[22] Ebd.

gekommen, und alle seine Anhänger wurden zerstreut« (Apg 5,37).

Dieses »auch« Gamaliels wird erst klar, wenn wir uns erinnern, daß Judas, der Galiläer, das tragische Schicksal Jesu, des Nazareners, schon im Aufstand des Jahres 6 n. Chr. teilen mußte, während seine Söhne Jakobus und Simon – die dritte Generation pharisäischer Patrioten – um 46 n. Chr. vom Statthalter Tiberius Alexander als »Räuber« gekreuzigt wurden [23].

Ferner sei noch der Galiläer gedacht, von deren Ermordung – wahrscheinlich als Rebellen – Jesus berichtet wurde: Zu dieser Zeit kamen einige Leute zu Jesus und berichteten ihm von den Galiläern, die Pilatus beim Opfern umbringen ließ, so daß sich ihr Blut mit dem ihrer Opfertiere vermischte (Lk 13,1).

Galiläa und Pharisäertum, Rabbinen und Kaisersteuer, Aufruhr und Kreuz – die Affinitäten sind frappant und sollen anderswo genauer unter die Lupe genommen werden.

Rabbi Salomo Ben Isaak, weltberühmt als Raschi (1040–1105), studierte in Worms, wo bis heute eine Synagoge seinen Namen trägt. Einer alten jüdischen Tradition gemäß ernährte er sich und seine Familie vom Weinbau, um die Torah nicht zum Brotverdienst zu mißbrauchen. Sein Bibelkommentar, der auch in unseren Tagen nichts von seiner Tiefgründigkeit und Relevanz eingebüßt hat, erwähnt »Jeschu den Nazarener« viermal – meistens als »Zauberer« und »Volksverführer«. Hier folgte er einer extra-kanonischen Talmudtradition [24], die die heidenkirchliche Lehre von Jesu Gottessohnschaft und das Dogma der Dreieinigkeit, welche den Tannaiten als Vielgötterei gelten mußte, ins Leben Jesu zurückprojizierte, um ihn dann in der Rückschau zum »Volksverführer« zu verketzern. Und zwar im

---

[23] Ant 20,5,2.
[24] Wie z. B. bSanh 106 a und Jalkut Schimoni 766 zu Num 23,7 wie auch bSanh 43 a. Nicht uninteressant ist auch die Tatsache, daß Prof. Morton Smith von der Columbia Universität unlängst in einem Buch (»The Secret Gospel«, New York 1973) die Theorie, daß Jesus ein »Wahrsager und Zauberer« gewesen sei, wiederbeleben will.

Sinne von Dtn 13,7–12 als jemanden, der Israel zur Übung einer
»fremden Religion« verleitet. Als »Zauberei« wurden alle Krankenheilungen angesehen, die von der Ketzerei verdächtigen
Personen bewirkt wurden – obzwar der Talmud auch bezeugt:
»Rabbi Jochanan sagte: Man wählt ins Synhedrion nur solche
Männer, die ... weise sind und ... sich auf Zauberei verstehen.«[25]
Da nach jüdischem Recht der synoptische Jesus weder als Götzendiener noch als Volksverführer, geschweige denn als Gotteslästerer betrachtet werden kann, wird hier, wie die neuere
Forschung bestätigt, nicht Jesus, sondern die Christologie der
Kirchenväter angeprangert.
Rabbi Joseph Kimchi (1105–1170) verfaßte in seinem »Bundesbuch« eine Modell-Disputation zwischen einem Christen (»Ketzer«) und einem Juden (»Gläubigen«), in dem der letztere
die Trinität, die Inkarnation und die Messianität Jesu auf biblischer Grundlage widerlegt. Obwohl Kimchi gewillt ist, das
Judentum Jesu, seine Kenntnisse als Schriftgelehrter und etliche seiner Wunderheilungen anzuerkennen, lehnt er die Zwei-Naturen-Lehre als bibelwidrig ab:
»Wenn nun, wie Ihr sagt, Gott Fleisch geworden ist, besaß dann
Jesus die Seele Gottes? Wenn dies der Fall ist, warum schrie
er dann auf, daß Gott ihn verlassen habe? Wenn er jedoch eine
menschliche Seele besaß[26], und ihr behauptet ja, daß die Gottheit nach seinem Tode ihm innewohnte, dann gilt für Jesus
eigentlich, was sich auf alle Menschenkinder bezieht.«[27]
Sein Sohn, Rabbi David Kimchi (1160–1235), der besser unter dem Akronym Redak bekannt ist, liefert in seinem Streitwerk »Antwort an die Christen« die jüdische Replik zur Christologisierung der hebräischen Bibel. In seinem Psalmenkommentar entallegorisiert er biblische »Christusvorausdeutungen«
wie Psalm 2,7; Psalm 21,45; Psalm 72 und 110, indem er den
Wortsinn durch eine Verbindung von Philologie mit Geschichte
und einfacher Logik ermittelt und bekräftigt.

---

[25] bSanh 17 a; vgl. auch Men 65 a.
[26] Mt 27,46.
[27] Sefer Ha-Brith, Konstantinopel 1750, S. 27 f.

In seinem Vademecum für Streitredner, »Disputation« betitelt, erarbeitet er eine detaillierte Liste aller messianischen Prophezeiungen, die Jesus »bis zum heutigen Tage« nicht erfüllt hat [28]. Typisch für seine klare, eindeutige Argumentation sind folgende Worte über den Nazarener:

»Jesus hat ja selbst erklärt, er käme nicht, um die Torah zu zerstören, sondern um sie aufrechtzuerhalten [29] ... Wäre es letztlich mit Gottes Allbarmherzigkeit vereinbar, daß er 3500 Jahre (seit der Erschaffung der Welt) sühnelos verstreichen ließ, bis er endlich durch Jesus die Menschen von der Erbsünde erlöst hat?« [30]

Um das Jahr 1130 vollendete der spanisch-jüdische Philosoph und Dichter Judah Halevi (1085–1135) sein »Buch des Kusari«, die klassische Apologie der »verachteten Religion«, die im Rahmen eines Vierergesprächs verfaßt ist. Ein Philosoph, ein Jude, ein Christ und ein Muslim verteidigen ihre Religion vor Bulan II., dem König der Chasaren, der ihre Hilfe erbat in seiner Suche nach »dem wahren Glauben«. Außer seinem eleganten Stil und einer wahrhaft ökumenischen Toleranz aller Teilnehmer am Gespräch, ist das Buch auch bemerkenswert wegen seiner zwei Jesuserwähnungen, die der Autor in den Mund seines »Rabbis« legt. Das erste Mal wird »Jeschu der Nazarener« als Schüler des Rabbi Jehoschua Ben Perachja eingeführt [31] – einer Baraitha gemäß [32], die ihn zum Zeitgenossen König Alexander Janais machen würde, über ein Jahrhundert vor seiner allgemein akzeptierten Lebenszeit. Obwohl schon Epiphanius einen Hinweis auf einen solchen »Ur-Jesus« bringt [33] und der karäische Gelehrte Al-Qirqisani Rabbi Jehoschua Ben Perachja als den »Onkel Jesu« darstellt [34], sind heute eine Anzahl Judaisten der Meinung, es handle sich hier einfach um

---

[28] Wie z. B. Jes 2,4; 9,6; 11,12; Sach 8,9; Ps 72,2–17.
[29] Mt 5,17.
[30] J. D. Eisenstein, »Wikkuach«, New York 1928, S. 60 ff.
[31] Das Buch des Kusari III, 65.
[32] Baraitha zu bSanh 107 b.
[33] Epiphanius, Haereses (Ausgabe Dindorf) I, 486 und II, 81 f.
[34] Jewish Quarterly Review VII, S. 687.

einen Irrtum in der talmudischen Chronologie, während die überwiegende Mehrzahl der Sachkenner die Baraitha für legendär halten.
Die zweite Erwähnung hat einen christologischen Beigeschmack. Indem er mit tiefem Schmerz das Blutvergießen und die barbarischen Judenverfolgungen der Kreuzritter sowie die von ihnen ausgelösten Massenmorde in ganz Mitteleuropa schildert, deutet er Israels Drangsale in den Worten des leidenden Gottesknechtes [35], der den göttlichen Heilsplan in demütiger Selbstverleugnung erfüllt. Auf der Suche nach Analogien bezieht sich der Autor auf die ersten Christen, die freudigen Herzens »Spott und Entehrung« auf sich nahmen, da ja »Demut und Sanftmut der göttlichen Präsenz näherstehen als Ruhm und Hoheit« [36].
Zuletzt läßt Halevi seinen Rabbi erklären:
»Diese Glaubensgemeinschaften (Christen und Moslems) sind Vorbereitungen und Einleitung für den erwarteten Messias, an dem Christen und Moslems mit den Juden Anteil haben werden. Dann werden alle drei ein Baum werden, wie einst Hesekiel (37,17) in seiner ökumenischen Vision die Wiedervereinigung voraussah.«
Ein würdiger Schüler Halevis, einer der ersten jüdischen Ökumeniker war der Arzt und Philosoph Sa'd Ibn Mansur Ibn Kammuna (1215–1285), dessen religionsphilosophisches Werk »Erforschung der drei Religionen« [37] a priori die göttliche Offenbarung als Grundlage aller drei Monotheismen akzeptiert. In seinem nüchternen Rationalismus, seiner Objektivität und Fairneß ist der rabbinische Gelehrte seiner Zeit nicht weniger voraus als in der Betonung der gottgegebenen Menschlichkeit, die Judentum mit Kirche und Islam unzertrennbar vereint. Charakteristisch für seinen Respekt für die »Andersgläubigen« ist der Absatz, der sich mit Jesu Wunderheilungen befaßt: »Es gab keinen Zweifel über das Gestorbensein und die Krankhei-

---

[35] Jes 52,13 – 53,12.
[36] Kusari IV, 22.
[37] Moshe Perlmannn, »Ibn Kammuna's Examination of the Three Faiths«, Berkley University, Los Angeles 1971.

ten jener, die Jesus wiederbelebte oder heilen konnte. Für diesen Tatbestand spricht, daß eventuelle Zweifel sofort seinen Gegnern, sowohl Juden als anderen, mitgeteilt worden wären. Zweifel wurden jedoch nicht berichtet, obzwar einige seiner Wundertaten der Magie oder der Mithilfe des Teufels oder der Anrufung des göttlichen Namens zugeschrieben wurden. Es steht also fest, daß Jesu Zeitgenossen sicher waren, keinerlei Täuschung oder Kniffe seien hier angewendet worden.«[38]
Nachdem er betont, daß nicht nur Jesus, sondern auch »die Mehrzahl der frühen Christen fromme Juden bis zu ihrem Lebensende geblieben sind«, fährt er fort:
»Jesus stand auf, wusch die Füße seiner Apostel und sagte: Der Menschensohn ist nicht gekommen um bedient zu werden, sondern um zu dienen. – Hierin lag seine wahre Größe.«
Zeitgenössische Christen werden hingegen auf eindeutige Weise kritisiert:
»Im Evangelium heißt es: Wenn ihr Glauben habt so groß wie ein Senfkorn, könnt ihr zu diesem Berge sagen: Versetze dich dort hinüber – und er wird gehorchen. Heute finden wir jedoch keinen der Jesusgläubigen, der imstande wäre, einen leichten Stein zu versetzen.«[39]
Moses Maimonides (1135–1204), das Universalgenie des jüdischen Mittelalters, ist für christliche Scholastiker »Rabbi Moyses« und für Juden der Rambam – nach dem üblichen Akronym. Seine einzigartigen Leistungen auf den Gebieten der Medizin, Philosophie und Grammatik, aber vor allem der Bibelauslegung und Gesetzeskodifizierung haben ihm den Lobspruch eingebracht: »Von Moses (dem Gesetzgeber) bis Moses (Maimonides) war keiner wie Moses.«
In seinem umfangreichen Schrifttum hat der Rambam mehrfach zum Christentum und seinem Stifter Stellung genommen, wobei des öfteren Polemik und Apologie über Objektivität triumphierten. Die wichtigste Stelle findet sich in seinem halachischen Hauptwerk »Mischneh Torah« im 11. Kapitel des

---

[38] A.a.O. S. 99.
[39] A.a.O. S. 89.

fünften Teils über »Könige und Kriege« [40], das freilich so sehr unter der christlichen Zensur zu leiden hatte, daß nur wenige Ausgaben des hebräischen Textes die wahre Ansicht des Autors über die Rolle des Christentums und des Islams in der Verbreitung des Monotheismus und der Vorbereitung der Menschheit auf das messianische Zeitalter enthalten. Im Grunde stimmt der Rambam mit Halevis theologischer Stellungnahme zu den beiden Tochterreligionen des Judentums überein:
»Alle diese Angelegenheiten, die sich auf Jesus von Nazareth und auf den Ismaeliten (Mohammed), der nach ihm kam, beziehen, dienten nur dazu, um den Weg für den König Messias freizumachen und die ganze Welt auf die Verehrung Gottes mit vereinten Herzen vorzubereiten, wie es geschrieben steht: (es folgt Zef 3,9). Auf diese Weise sind die messianische Hoffnung, die Torah und die Gebote allgemein verbreitetes Glaubensgut geworden – unter den Einwohnern der fernen Inseln und unter vielen Völkern, unbeschnitten an Herz und Fleisch.«
Wie das paulinisch geprägte Christentum dem Judentum eine vormessianische Rolle im Heilsplan Gottes zuteilt (Röm 9 bis 11), so sahen diese beide Leuchten des jüdischen Mittelalters im Christentum – und im Islam – heilsgeschichtliche Vorstufen auf dem Wege zur endgültigen Erlösung der Menschheit.
Nicht weniger bedeutsam ist die Tatsache, daß Juden, zu deren Vorvätern die Autoren der ersten Evangelien einst gehörten, das Neue Testament seit dem frühen Mittelalter oft gelesen haben. Einige mögen es aus Neugierde getan haben, andere für polemische Zwecke, während zumindest ein Schriftgelehrter – Don David Candia in seinem Handbuch »Zeugnis des Anklägers« aus dem 16. Jahrhundert – es dazu benutzte, um den Spieß der Kontroverse umzudrehen und das Judentum aus dem Munde Jesu und seiner Apostel zu rehabilitieren.
Das erste, uns erhaltene rabbinische Traktat, das längere Auszüge des Neuen Testaments auf hebräisch enthält, um die Disputationsschlacht in das Lager des Feindes zu verlegen, ist

---

[40] Mischneh Torah, Hilchoth Melachim XI, 4.

Rabbi Jakob Ben Reubens »Kriege des Herrn«[41]. Es enthält das polemische Gegenstück zu des Justinus Martyr »Dialog mit Trypho« und ist nicht weniger gekünstelt in seiner Methode und Diskussionstaktik, deren zugegebenes Ziel es ist, die Christen zu entwaffnen und, wenn möglich, von der Glaubenswahrheit des Judentums zu überzeugen.

Typisch für die jüdische Religionspolemik bis weit in die Neuzeit hinein ist die Streitschrift »Die Schande der Heidenvölker«, die der Grammatiker und Philosoph Profiat Duran, auch Ephodi genannt, um 1397 zur Anleitung aller jüdischen »Disputanten« in Spanien verfaßt hatte. Indem er die inneren Widersprüche sowie die mangelnden Kenntnisse des Alten Testaments, die er bei den Evangelisten zu finden meint, belegt, unterscheidet er durchwegs zwischen Jesus, der für ihn ein »törichter Frommer« ist, seinen Jüngern, die er als »Irrende« bezeichnet, und den Kirchenvätern, die ihm insgesamt als »Irrende, die andere irreführen«, erscheinen.

Seine Einstellung zu Jesus als Menschen und Schriftgelehrten ist durchaus positiv. Irrtümer begannen erst bei den Aposteln, die aus Einfalt Jesu Lehre oft mißverstanden, während die Kirchenväter – vor allem Hieronymus – zahlreiche Übersetzungsfehler begingen, die meistens aus ungenügenden Kenntnissen »der Muttersprache Jesu« herrührten.

Zu diesen Irrtümern gehören, nach Rabbi Ephodi, Jesu angeblicher Anspruch auf die Göttlichkeit, das Dogma der Dreieinigkeit und Jesu Ablehnung der Torah, »deren Aufrechterhaltung und Ewigkeit der Nazarener sehnlich wünschte«.

Auch in seinen Abhandlungen über die Transsubstantiationslehre, die Sakramente und das Papsttum beweist Rabbi Ephodi eine so umfassende Kenntnis der christlichen Dogmatik – vom Neuen Testament bis zu den Konzilsbeschlüssen –, daß seine Kritik am Christentum auch heute noch als konstruktiver Beitrag zum Glaubensdialog bewertet werden darf.

Einzigartig im Streitschriftentum des ganzen Mittelalters ist

---

[41] Textkritische Ausgabe: Milchamot Haschem, hrsg. von Judah Rosenthal, Jerusalem 1963.

sein offener Brief, »Sei nicht wie Deine Väter!« betitelt, den er im Jahre 1396 an seinen getauften Freund David Bonet Bongiorno schrieb, als Antwort auf dessen Aufforderung, sich auch zum Christentum zu bekehren.

Ephodis Sendschreiben ist mit solch subtiler Ironie verfaßt, daß es jahrzehntelang von der Kirche selbst unter Juden als Missionsschrift verbreitet wurde. Erst als durch Zufall die wahre Absicht des Verfassers durchschaut werden konnte – die Verherrlichung des Judentums auf Kosten christlicher Dogmatik – wurden mit Eile alle erreichbaren Exemplare eingezogen und verbrannt. Kurze Auszüge aus dieser Epistel sollen seine stilistische Wendigkeit veranschaulichen:

»Sei nicht wie Deine Väter, welche an den Einen Gott glaubten, von welchem sie jedwede Vielheit entfernten, die sich in dem Satze ›Höre Israel‹ geirrt und unter ›einzig‹ die reine Einheit verstanden haben ... Du aber tu nicht also; glaube vielmehr, daß eines drei und drei eines sind, innerlich und wesentlich vereint, was der Mund nicht auszusprechen und das Ohr nicht zu fassen vermag ... Sei nicht wie Deine Väter, welche sich mit der Spekulation beschäftigten ... und so die Wahrheit zu begründen suchten. Du aber tu nicht also! Fern sei es von Dir ... Du müßtest nämlich den Schluß gelten lassen: Der Vater ist Gott, Gott ist der Sohn, folglich ist der Vater der Sohn ... Deine Väter haben das Brot der Mühsal gegessen, waren oft auch durstig und hungrig; Du aber hast Deine Seele gerettet, issest und wirst satt an Deinem Heiland in Dir ... Sei nicht wie Deine Väter, denen Moses' Lehre zum Erbteil wurde ... Du aber nicht also; Du müßtest Dich ja schämen! Beachte keines der biblischen Gebote und Verbote! Freilich haben die Apostel, als Nachkommen Abrahams, die Lehre genau beobachtet, selbst nach dem Tode Jesu, des Messias, und nachdem sie in seinem Namen getauft worden waren. Aber diese und andere Widersprüche wirst Du schon lösen; weiß ich ja, daß der Heilige Geist auch aus Euch spricht und nichts Euch verborgen bleibt.«

Ein Meisterwerk dieser Literaturgattung, die als Reaktion auf die Bücherflut der »*Adversus-Judaeos*«-Theologen wohl mit »Anti-Christiana« bezeichnet werden darf, ist auch »Das Buch der Widerlegung«, das Rabbi Schemtov Lippmann aus Mühlhausen kurz nach dem Prager Pogrom vom Jahre 1399 verfaßt hatte – nach einer Disputation, zu der er vom Proselyten Peter (alias: Pessach) und der Kirche gezwungen worden war. Diese jüdische »Summa contra gentiles« nimmt von der Genesis an jeden kontroversen Bibelvers unter die Lupe, um alle Christologisierungen zu entkräften. Nicht ohne beißenden Sarkasmus, wie z. B. bei Gen 1,26 »Lasset uns Menschen machen!«, in dessen Pluralform viele Theologen einen Beweis der Trinität und der Gottes-Sohnschaft Jesu sehen wollten.

Indem Rabbi Lippmann auf die Singularform des darauffolgenden Verses hinweist – »und Gott schuf den Menschen« – folgert er höhnisch, daß also »der Sohn offensichtlich ungehorsam gewesen sei und seinen Vater allein arbeiten ließ«. Deshalb habe auch der Vater »später den Sohn verlassen, als er am Kreuz um Hilfe schrie«.

So gut wie ziemlich alle Rabbinen des Mittelalters lehnten entschieden jedwede Verantwortung am Prozeß und an der Hinrichtung Jesu ab – nicht so sehr aus theologischen, sondern eher aus seelsorglichen Gründen, da ja Jesu Tod nur allzuoft zum Mord seiner Brüder führte, wie die alljährlichen Judenmetzeleien am Karfreitag mit tödlicher Deutlichkeit bewiesen. Rabbi Lippmann hingegen gibt diese Verantwortung nicht nur zu, sondern erklärt – nach Mt 26,64; Mk 14,62 f. –, Jesus sei mit Recht nach jüdischem Gesetz wegen Gotteslästerung »gesteinigt und gehenkt worden« [42]. Dieses Urteil »unserer Väter«, fügt er hinzu, sei nur zu begrüßen. Da Rabbi Lippmann mit den Evangelien wohl vertraut war, wie seine scharfsinnige Kritik des Neuen Testaments beweist, mußte er wissen, daß Jesus, nach allen vier evangelischen Berichten des Synhedrion-Verhörs, sich mit keinem Wort der Gotteslästerung schuldig gemacht hat. Sein »Bekenntnis« zum »Christusmord« kann also nur als allzu menschliches Aufbäumen und als Trotz gegen Kirchengewalt und bischöfliche Willkür erklärt werden, unter denen er jahrelang zu leiden hatte.

[42] Nach Sanhedrin IV, 4: »Gehängt wird (nach erfolgter Steinigung) nur der Gotteslästerer und der Götzendiener.«

Ähnliche Gefühle klingen aus den Worten eines anderen deutschen Juden, der fast ein halbes Jahrtausend später von der Schwelle des Taufbeckens zu einem – nun vertieften – Judentum zurückgekehrt ist. »Wir haben Christus gekreuzigt«, schrieb Franz Rosenzweig [43], »und, glauben Sie mir, wir würden es nochmals tun. Wir allein in der ganzen Welt ... falls wir wieder angesichts einer götzenhungrigen Raserei stehen müßten, vor einer Volksmenge, die die Vergöttlichung eines Menschen fordert.«

Die erste und bis heute einzige Übersetzung eines Evangeliums ins Hebräische, die von einem Rabbiner verfaßt wurde, stammt aus der Feder des spanischen Rabbi Schemtov Ben Isaak Ibn Schaprut, der im Jahre 1375 in der öffentlichen Disputation zu Pamplona seinen Glauben gegen Kardinal Pedro de Luna, den späteren Papst Benedikt XIII., verteidigen mußte. Seine theologische Strategie und polemische Taktik faßte er, auf Wunsch zahlreicher Kollegen, in einem ausführlichen Handbuch, »Der Prüfstein« betitelt, zusammen (nach Jes 28,16), denn »es soll dazu dienen, die Wahrheit von der Lüge zu unterscheiden«.

»Aus zwei Gründen fand ich es gut, dieses Werk mit einer Übersetzung der Evangelien zu vollenden, obwohl diese die für uns am strengsten verbotenen Bücher darstellen:
Erstens, um den Christen aus ihnen antworten zu können ... und zweitens, um unseren Glaubensbrüdern zu beweisen, daß diese Bücher (hier strich die Kirchenzensur etwa fünf Worte) und so werden sie zu ihrem Vorteil lernen (wieder fehlen hier fünf oder sechs Worte), wie man durch Bezeugung des Gegenteils (drei Worte ausradiert) verstehen kann ...«

Ohne den Matthäus-Text der Vulgata zu »verbessern«, wie es Jakob Ben Reuben vor ihm und andere nach ihm getan haben, übersetzt Ibn Schaprut »einfach und wörtlich«. Seine eigene Einstellung begrenzt er auf die 53 »Einwürfe«, die er zwischen die Perikopen des Evangeliums interpoliert, »und hiermit beschwöre ich alle zukünftigen Abschreiber beim Ewigen Leben,

---

[43] Franz Rosenzweig, »Briefe«, Berlin 1935, S. 670 f.

dieses Evangelium nicht zu kopieren, ohne auch meine Einwürfe voll und buchstäblich mitzuschreiben«.
Die Aufgabe, die sich Rabbi Ibn Schaprut stellte, war nicht nur sprachlich schwer und in diesem Umfang ohne Vorgang, sondern auch schizophrener Natur. Als gläubiger Jude konnte er nicht umhin, mit Jesu Bergpredigt, seinem Vaterunser und den jüdischen Gleichnissen, wie denen von der Kraft des Betens, der Goldenen Regel und vom Nicht-Richten, zu sympathisieren; andererseits mußten die Weherufe über die Schriftgelehrten und Pharisäer, die Weissagung über den Fall Jerusalems sowie die Christologie des Matthäus seinen Unwillen erwecken. Jesu Weigerung, »zu den Heiden zu gehen«, seine häufige Betonung jüdischer Glaubenssatzungen, sogar seine Vertiefung des Sittengesetzes, und die rund 70 Zitate, Hinweise und Anspielungen aus dem Alten Testament – all diese klingen in seinem Hebräisch daher beredt, natürlich und flüssig, wohingegen die Aufhebung mosaischer Kult-, Speise- und Zeremonialgesetze, die Unheilvoraussagungen über Israel und die Messianität des Nazareners sich starr und stockend anhören.
Dieser Zwiespalt zwischen dem Jesus der Logien-Quelle und dem Christus des Matthäus kommt am klarsten zum Ausdruck im Begriff »Menschensohn«, der ja im Hebräischen vom einfachen »Menschen« ununterscheidbar ist. So klingt Mt 17,22 »Der Menschensohn wird in die Hände der Menschen überliefert werden«, nichtssagend.
Als erfahrener Talmudist und Streitredner blieb Ibn Schaprut zwar Herr seiner Gefühle, aber doch nicht immer. So weist seine Übersetzung widersprüchliche Tendenzen auf, was sich bei seiner Rejudaisierung ungenauer alttestamentlicher Zitate, entstellter Biblizismen usw. zeigt – so wie bei seiner »Entjudaisierung« jüdischer Formeln und Wendungen, die bei Matthäus antirabbinisch oder antinomistisch umgedeutet sind. Trotz aller gewissenhafter Objektivität des spanischen Rabbis fanden beide Tendenzen ihren sprachlichen Niederschlag im »Prüfstein«, in einer Weise, die den modernen Leser oft an die Exegetenschule Bultmanns erinnert.
Von speziellem Interesse ist die einzige Stelle, die Ibn Schaprut

gar nicht verstanden hat: Mt 23,5 »sie machen ihre Gebetsriemen breit...«.

Zu jener Zeit gab es kaum einen christlichen Gelehrten – noch ein Wörterbuch –, der ihm das Hapaxlegomenon »phylakteria« übersetzen oder erklären konnte. So schloß er, im Dunkeln tappend, aus dem Zusammenhang, kombinierte ihn mit dem Zeitwort »magnificant« (also etwa: sie prunken), und das hebräische Resultat war: »sie trugen teure Gewänder«.

Dieses Mißverständnis entbehrt nicht einer symbolischen Ironie. So entstellend war die Transformation, die der jüdische Kern der Frohbotschaft durch zwei aufeinanderfolgende Übersetzungen – ins Griechische, dann ins Lateinische – durchmachen mußte, daß ein frommer Rabbi im Endprodukt sogar seine eigenen Gebetsriemen nicht wiedererkennen konnte, die er tagtäglich beim Morgengebet anzulegen pflegte!

Trotz all dieser Mängel bleibt der hebräische Matthäus des Ibn Schaprut die beste Übersetzung des Evangeliums in die Muttersprache der Bibel bis weit ins 18. Jahrhundert hinein.

Das Jesusbild des jüdischen Mittelalters ist, dem Zeitgeist gehorchend, ein dunkles Profil, das, wie ein Schattenriß, meist schwarze Züge aufweist. In die Enge getrieben von einer Kirche, die das Kreuz und den Gekreuzigten in eine Mordwaffe umschmiedete, »um Jesus an den Gottesmördern zu rächen«, wie der Kampfruf der Kreuzzügler im Rheinland lautete, konnten die Rabbinen nur bis zur Verzweiflung darauf bestehen, was Jesus für sie *nicht* war noch sein konnte: Er war *nicht* der Messias, da er dies von sich selbst gar nicht behauptet habe; er war *nicht* der »erstgeborene Sohn Gottes«, da ganz Israel diesen Vorzug seit dem Auszug aus Ägypten genießt (Ex 4,22f.); und er konnte *nicht* der Weltenheiland sein, da die Unmenschlichkeit der Christen und die Leiden, die sie den Juden zufügten, der stichhaltigste Beweis für die Unerlöstheit dieser Welt waren.

Kein Wunder, daß der Name Jesu für torahtreue Juden zum »Namenlosen« oder »jenem Mann« tabuisiert wurde. Nur im Notfall, bei den gelegentlichen Gewaltmaßnahmen der kirchlichen Obrigkeit, die seine Nennung erzwangen, wurde er als

Jesch'u transkribiert – das rabbinische Siegel des Bibelfluches »jimach schemo we-sichro« (»möge sein Name und sein Angedenken ausgelöscht werden!« – Ps 109,13 f.; Dtn 9,14), das den ohnmächtigen Zorn einer gepeinigten Minderheit zum Ausdruck bringen sollte. So kam es dank kirchlicher Haßpolitik so weit, daß Juden das heidnische Zerrbild eines Juden verfluchen lernten.

Um den ewigen Zankapfel aus den christlich-jüdischen Disputationen ein für allemal zu entfernen, strich Rabbi Joseph Albo (1360–1444) in seinem »Buch der Glaubensgrundsätze« den Messiasglauben aus der Liste der primären Glaubensartikel:

»Der Glaube an das Kommen des Erlösers«, behauptet er in Übereinstimmung mit seinem Lehrer Rabbi Chasdai Crescas (1345?–1412), sei zwar als traditionelles Glaubensgut im jüdischen Volk akzeptiert worden, »aber es ist kein Grundprinzip«[44].

Was die »Torah Jesu« betrifft, sei es schwer, »die Absicht einer Sache zu ergründen, die in Form von Rätseln oder Gleichnissen gesagt wird«, – ungleich der Torah Mosis, die »von Mund zu Mund spricht, nicht durch dunkle Worte oder Gleichnisse« (Num 12,8).

Was das Sabbatgesetz betrifft, beruft sich Rabbi Albo auf Jesus, um den Papst des Bruches der Zehn Gebote anzuklagen:

»... Aber selbst wenn wir annehmen, daß die Apostel, wie sie beanspruchen, Autorität besaßen, gewisse Bestimmungen zu ändern, wer hat dem Papst die Vollmacht verliehen, das Sabbath-Gebot zu ändern, das nicht zu diesen Satzungen gehört ... Niemand kann das Sabbath-Gebot, das göttlichen Ursprungs ist, abschaffen, um so weniger, als es eines der Zehn Gebote ist. Ist es doch ein Gebot, das auch Jesus und all seine Jünger zeitlebens beobachtet haben.«[45]

Beispielhaft für die Weise, in der rabbinische Apologetiker mit christlichen »Testimonia« – alttestamentlichen Zitatensamm-

---

[44] Sefer Haikkarim (Book of Principles), Text mit englischer Übersetzung von I. Husik, Philadelphia 1946, I, S. 186.
[45] A.a.O. S. 234 ff.

lungen, die angeblich Jesu Ankunft vorausdeuten – umgingen, wenn die zeitweilige Toleranz der Herrscher dies zuließ, sind die Gegenargumente des Don Isaak Abravanel (1437–1509), des letzten großen hispano-jüdischen Staatsmannes und Denkers. Zu Ps 72,8; 72,11 »von Meer zu Meer wird er herrschen« und »es beugen sich ihm alle Könige, und alle Völker dienen ihm«, das die Theologen auf Jesus beziehen wollten, schrieb er: »Jesus herrschte nicht einmal über ein Dorf. Im Gegenteil! Er wurde von seinen Feinden verfolgt, mußte sich vor ihnen verstecken und fiel schließlich in ihre Hände, ohne sich befreien zu können. Nach seinem Tode übte die Sekte seiner Gläubigen keinerlei Herrschaft aus. Es war Rom, das die Welt beherrschte, vor und nach seiner Taufe, obzwar es nach der Taufe ansehnliche Herrschaftsgebiete verlor. Sogar in unseren Tagen üben die Muslims, die geschworenen Feinde der Kirche, größere Herrschaft aus als ihr Christen!«[46]

Mit Anbruch der humanistischen Bewegung und der Reformation kam es schrittweise zu einer anfänglichen Liberalisierung der christlich-jüdischen Beziehungen, hauptsächlich weil der Schwerpunkt der Glaubenskontroverse in den innerkirchlichen Bereich verlagert wurde. So konnte der Karäer Isak Ben Abraham Troki (1533–1594) in Polen ein freimütiges Gespräch mit den verschiedenen christlichen Sektierern führen, das seinen Niederschlag in seinem Werk »Befestigung des Glaubens« fand. Seine Eigenart besteht in der systematischen Anordnung seiner Einwürfe gegen die christliche Theologie sowie seine Beweisführung aus dem Neuen Testament. Trotzdem er Karäer war – d. h. die mündliche Lehre des Talmuds ablehnte –, ist seine Bibelexegese durchaus rabbinisch geprägt.

Gegen die Kreuz-Theologie führt er an:
»Wenn Jesus freiwillig das Kreuz auf sich genommen hat und hiermit der Wille Gottes geschah, können Juden nur ein gehorsames Werkzeug des Heilsplans gewesen sein. Warum also die Juden für etwas bestrafen, das allen Christen zur Entsühnung und Rechtfertigung verhalf? Wenn aber Jesus gegen seinen Wil-

---

[46] »Die Quellen der Erlösung« 41 a.

len den Kreuzestod erlitt, kann er nicht der Gott sein, den Christen in ihm verehren und anbeten.«

Ein locus classicus für Ökumeniker unter den Rabbinen ist seit vorchristlichen Zeiten die dunkle Stelle aus dem Testament Mosis: »Der Herr ist vom Sinai gekommen und ist ihnen aufgeleuchtet von Se'ir her; er ist erschienen vom Berge Paran her, und er kam mit Zehntausenden von Heiligen; in seiner rechten Hand ist ein feuriges Gesetz für sie« (Dtn 33,2).

Rabbi Nathanael Ben Isaia, ein jemenitischer Schriftgelehrter des 13. Jahrhunderts, hat dazu folgende Auslegung in seinem Bibelkommentar »Erleuchtung der Finsternis« vorgeschlagen: »(Der Sinn ist) kommend vom Sinai, sandte Gott Propheten nach Europa, sowohl zu den Söhnen Esaus (Christenheit) als auch zu den Söhnen Ismaels (Islam), um ihnen die Lehre von den göttlichen Taten anzubieten. Einige sagen auch, daß Moses ihnen die Zukunft vorausgesagt habe, nämlich, daß Jesus kommen würde, um das Christentum zu gründen, das im Römischen Reich seinen Schwerpunkt finden wird ... und daß der Christenglaube sich fast durch die ganze Welt verbreiten werde, bis zur Ankunft des Narren (wie Mohammed nach Hos 9,7 im rabbinischen Schrifttum häufig benannt wurde) ... und nach ihm wird endlich der kommen, von dem es heißt: Er kommt mit Zehntausenden von Heiligen, nämlich der König Messias.«[47]

Eine ähnliche Auslegung von Dtn 33,2 stammt aus der Feder des Rabbi Abraham Farrisol (1451–1525), des Autors des ersten hebräischen Reiseberichtes über Kolumbus und die von ihm entdeckte »Neue Welt«, der zu den illustren Größen des florentinischen Hofes der Medici gehörte. In seinem Bibelkommentar »Das Schild Abrahams« identifiziert er Se'ir mit dem christlichen Rom und den Berg Paran mit dem Heiligtum des Islams, die beide Brennpunkte wurden zur Verbreitung »des Feuers des Glaubens, das die Welt erleuchtet hat«.

Juda Leon de Modena (1571–1648), ein venezianischer Rabbiner, der anscheinend das Neue Testament auf griechisch las,

---

[47] Kritische Textausgabe von Rabbi Kapach, Jerusalem 1957, S. 29.

um es mit der Vulgata zu vergleichen, schrieb ein Handbuch für jüdische Streitredner, dessen hebräischer Titel »Schild und Schwert« seine Strategie, welche Selbstwehr mit Gegenangriff kombiniert, deutlich veranschaulicht. Im Gegensatz zu seiner furchtlosen Kritik christlicher Dogmatik ist sein Jesusbild durch eine Sympathie gekennzeichnet, die vor drei Jahrhunderten unter Juden noch als »ketzerisch« gelten mußte:

»Zu Ende der Zweiten Tempel-Ära gab es einige Richtungen, die alle der Torah Mosis gehorchten, jedoch in der Schriftauslegung geteilter Meinung waren ... Unter all diesen wählte der Nazarener das Gute und das Rechte und folgte der Pharisäerschule ... er glaubte nicht nur an die Heilige Schrift als Gotteswort, sondern auch an die mündliche Überlieferung ... er sagte sogar: Himmel und Erde werden eher vergehen, als ein einziges Wort aus der heiligen Torah ... Ich habe nicht den geringsten Zweifel daran, daß Jesus nie und nirgends von sich behauptet habe, er sei Gott oder ein Teil der Gottheit, wie die Christen von ihm behaupten, sondern soweit wir das aus seinen Werken und Worten beurteilen können, kam ihm solch ein Gedanke nie in den Sinn.«

In diesen und vielen andern Passagen kann man Rabbi Juda als Vorläufer der modernen jüdischen Erforschung des Neuen Testaments betrachten, die ihm manchen Denkanstoß verdankt.

Rabbi Jakob Emden (1696–1776), eine der markantesten Gestalten des Judentums seines Jahrhunderts, brachte es fertig, eine fast fanatische Intoleranz in innerjüdischen Glaubensfragen mit einem weltoffenen Rationalismus gegenüber seiner christlichen Umwelt zu verbinden. Was mag wohl den Respekt, nein mehr, die ehrliche Sympathie erklären, die er sowohl für das Christentum als auch für seinen Gründer hegte? Sicherlich nicht sein Zeitalter, das über Juden und ihren Glauben noch mittelalterlich dachte und handelte; auch nicht seine deutsche Heimat, die ihn und seine Gemeinde in eine baufällige Judengasse hineinpferchte, ihnen wie Vieh einen »Leibzoll« auferlegte, ihren Broterwerb auf einige verachtete Berufe begrenzte und ihnen sogar die Zahl der Kinder, die sie zur Welt bringen durften, vorschrieb. Ungleich seinem Freund Moses Mendels-

sohn besaß er keine Gönner in der christlichen Elite, noch suchte er Einfluß bei den Machthabern wie die »Hofjuden« seiner Zeit. Seine »Toleranzepistel«, wie Rabbi Oscar Z. Fasmann mit Recht seine gesammelten Schriften über das Christentum nennt [48], wurde ja hebräisch verfaßt und war ausschließlich für jüdische Leser bestimmt. Möge der Text selbst für sich und die Gesinnung seines Autors sprechen:
»Der Stifter des Christentums hat der Welt eine doppelte Wohltat erwiesen. Einerseits befestigte er mit aller Kraft die Torah Mosis, denn keiner unserer Weisen hat mit größerem Nachdruck die ewige Verbindlichkeit der Gotteslehre betont und bestätigt; andererseits erwies er den Heiden eine große Wohltat (wenn sie nur seine edle Absicht nicht zunichte machen wollten, wie gewisse Dummköpfe, die den wahren Sinn des Evangeliums nicht zu fassen vermögen, es getan haben!), indem er die Abgötterei abschaffte, sie vom Götzendienst befreite und sie zu den sieben Noachidischen Geboten verpflichtete ... er versuchte in der Tat, sie zu vervollkommnen mittels einer Morallehre, die noch viel schwerer ist als die Torah Mosis.« [49]
In seinem Kommentar zu den »Sprüchen der Väter« bezieht er sich insbesondere auf das ökumenische Leitwort Rabbi Jochanans des Schuhmachers:
»Jede Vereinigung zu Ehren Gottes wird letztlich Bestand haben. Diejenige aber, die nicht zu Ehren Gottes gegründet worden ist, hat keinen Bestand.« [50]
Es scheint mehr als Zufall zu sein, daß hier für »Vereinigung« das hebräische Wort »Knessia« verwendet wird, das in der Umgangssprache die Bedeutung von »Kirche« erhalten hat. In diesem Sinn kommentiert darüber auch Rabbi Emden in Hamburg um 1757:
»Die Vereinigung der Völker unserer Tage kann ebenfalls als eine Vereinigung zu Ehren Gottes bezeichnet werden, die den

---

[48] Rabbi Oscar Z. Fasman, »An Epistle on Tolerance by a Rabbinic Zealot«, in: The Jewish Library, Band IV: Judaism in a Changing World, London 1971, S. 93–105.
[49] Seder Olam Raba-we-Sutta, Hamburg 1757, S. 35 ff.
[50] Abot 4,11.

Zweck hat, der ganzen Welt zu verkünden, daß es einen einzigen Gott gibt, der Herr über Himmel und Erde ist ... Deshalb hat ihre Kirche (Vereinigung) Bestand, weil sie dem wahren Gott und seiner Torah Ehre erweist und seinen Ruhm verkündet unter den Völkern, die ihn noch nicht kennen ... Ihre Verdienste werden im Himmel gebührliche Belohnung finden ... Von ihnen hat das Haus Israel großen Trost erhalten. Denn, hätte es nicht die Christen gegeben, wäre unser Rest sicherlich zugrunde gegangen, und Israels Hoffnung wäre erloschen inmitten der Völker, die uns wegen unseres Glaubens hassen ... Doch Gott, unser Herr, hat die christlichen Weisen erstehen lassen, die uns in jeder Generation in Schutz nehmen.«[51]

Theologisch interessant ist Rabbi Emdens Unterscheidung zwischen Judentum, den Kirchengründern und dem Christentum:

»Es kam dem Stifter des Christentums nie der Gedanke, die Torah aufzulösen. Das ist auch die Ansicht seines Schülers Paulus ... die Schüler des Nazareners wählten für die Menschen, die nicht dem Judentum beitreten wollten, das Tauchbad und nicht die Beschneidung – und den Sonntag anstatt des Sabbaths als wöchentlichen Ruhetag, um zu bezeugen, daß sie nicht Volljuden seien. Der Nazarener hingegen und seine Jünger hielten den Sabbath aufs strengste sowie auch die Beschneidung, denn sie waren ja Juden von Geburt und Abstammung und beobachteten die ganze Torah ... Nur für die Heiden sollte das Christentum gestiftet werden.«[52]

Rabbi Emdens Worte über Judenhetzer und antijüdische Theologen haben bis heute nichts von ihrer Relevanz verloren:

»Diese verkehrten Gelehrten erregen großen Haß gegen die Kinder Israels, anstatt dem Herzen des Volkes Liebe für die ihrem Gott treu anhängenden Juden einzuflößen. Da ihnen von ihrem Lehrer (Jesus) vorgeschrieben wurde, sogar ihre Feinde zu lieben – wieviel mehr uns! Oh Himmel, sind wir nicht eure Brüder; hat uns nicht ein und derselbe Gott erschaffen!?«[53]

[51] Lechem Schamajim, Hamburg 1757, S. 30 f.
[52] A.a.O. S. 35 ff.
[53] A.a.O. S. 37 f.

Zum Ausgang des jüdischen Mittelalters ließen sich zwei jüdische Stimmen hören, die zwar nicht Rabbinen waren, jedoch in ihrer Jugend rabbinisch geschult wurden:
».... Ich glaube daher nicht, daß irgend jemand eine solche Vollkommenheit vor den anderen erreicht hat, ausgenommen Christus, dem der Heilsplan Gottes ohne Worte und Gesichte, ganz unmittelbar, offenbar worden ist, so daß Gott durch Christi Geist sich den Aposteln offenbart hat wie einst dem Moses durch die Stimme aus der Luft. Darum kann die Stimme Christi gerade so wie jene, die Moses hörte, Gottes Stimme heißen ... Ich muß hier aber daran erinnern, daß ich keineswegs von dem rede, was einige Kirchen von Christus lehren, und es auch nicht bestreite. Denn ich gestehe offen, daß ich es nicht begreife ...«[54]
So schrieb Baruch Spinoza (1632–1677) in seinem berühmten »Theologisch-politischen Traktat«.
Ein Jahrhundert später berief sich Moses Mendelssohn (1729 bis 1786) in seiner Verteidigung des Judentums, das er als »geoffenbarte Gesetzgebung« und nicht, wie das Christentum, als »geoffenbarte Religion« ansah, auf Jesus von Nazaret, um seine These der ewigen Gültigkeit aller sinaitischen Gebote zu untermauern:
»Jesus von Nazareth hat selbst nicht nur das Gesetz Moses, sondern auch die Satzungen der Rabbinen beobachtet, und was in den von ihm aufgezeichneten Reden und Handlungen dem zuwider zu sein scheint, hat doch in der Tat nur dem ersten Anblick nach diesen Schein. Genau untersucht, stimmt alles nicht nur mit der Schrift, sondern auch mit der Überlieferung völlig überein.«[55]
Wenn die Heidenkirche viel später ihre Bindung an das mosaische Gesetz aufgab, so hat sie damit gegen den Willen ihres Stifters gehandelt, wie Mendelssohn zu verstehen gibt:
»Aus seinem (Jesu) ganzen Betragen, so wie auch aus dem Betragen seiner Jünger in der ersten Zeit, leuchtet ... der rab-

---

[54] Deutsche Ausgabe, hrsg. von C. Gebhardt, Hamburg 1955, S. 24 f.
[55] Moses Mendelssohn, »Jerusalem«, Leipzig 1843, S. 357.

binische Grundsatz klar hervor: Wer nicht im Gesetze geboren ist, darf sich an das Gesetz nicht binden; wer aber im Gesetz geboren ist, muß nach dem Gesetze leben und nach dem Gesetze sterben. Haben seine Nachfolger in späteren Zeiten anders gedacht und auch die Juden, die ihre Lehre annahmen, entbinden zu können geglaubt, so ist es sicherlich ohne seine Autorität geschehen.«[56]
Beide wurden des öfteren aufgefordert, sich taufen zu lassen – Spinoza von Pastor Heinrich Oldenburg, und Mendelssohn vom Züricher Pfarrer Johann Caspar Lavater, was beide höflich, aber entschieden zurückwiesen.
Hand in Hand mit der jüdischen Emanzipation entstand im deutschen Judentum des 19. Jahrhunderts eine religiöse Reformbewegung, die auf der theologischen Ebene versuchte, ihrer juridisch-legislativen Einbürgerung entgegenzukommen.
Sie sollte das jüdische Gedankengut bis auf das unverzichtbare Minimum reduzieren, um sich äußerlich und innerlich soweit wie möglich den anderen deutschen »Mitbürgern« anzugleichen. So installierten die neuen Reformsynagogen Orgeln und Knabenchöre, kleideten ihre Rabbiner in Talare, entblößten die Häupter ihrer Betgemeinden, in denen nun Frauen neben Männern ihre Andacht verrichten konnten, und zwar auf deutsch – in einem entnationalisierten Gebetbuch, das weder Erinnerungen an den Tempeldienst noch Hoffnungen auf eine messianische Rückkehr nach Zion mehr kannte. Das liberale Judentum, die Frucht der Aufklärung und seiner Revolte gegen talmudischen Traditionalismus, entmythologisierte, lange vor Bultmann, das Glaubensgut seiner Väter, um den »ethischen Monotheismus« als Vernunftreligion zu krönen. Das Schlüsselwort der neuen, noch unsicheren Theologie war: fortschreitende Offenbarung. Da ja dank Darwin die Evolution sich im stetigen Fluß befindet, wurde die göttliche Offenbarung zum ununterbrochenen Prozeß umgedeutet, in dem begnadete Individuen von Zeit zu Zeit einen Durchbruch »zur Gotteserfahrung« bewerkstelligen konnten. Obwohl solch eine »offene« Offenba-

[56] A.a.O. S. 357 f.

rungs-Theologie die meisten Theophanien zu relativieren geeignet ist, öffnete sie die Tore für eine Heimholung Jesu in sein angestammtes Judentum.

Die Fragen, mit denen sich die neue jüdische Theologie zu beschäftigen habe, definierte Abraham Geiger (1810–1874), der Theosoph und Erneuerer, in folgenden Worten:

»Wie kam es dazu, daß das biblische Judentum seine heutige Endform erhalten hat? Wie entstand das pharisäische Judentum, und welche wesentlichen Beweggründe haben in diesem Prozeß mitgewirkt? Letztlich, wie war der Mutterboden beschaffen, auf dem das Christentum entstand?«[57]

Drei Jahre später (1870) ging der rabbinisch gelehrte Geiger einen Schritt weiter:

»Für den denkenden Juden ist es offensichtlich, daß das Frühchristentum ganz natürlich aus dem Judentum, der jüdischen Umwelt jener Zeit, dem Posaunenhall der jüdischen Prophetie und den Befreiungsbemühungen der Pharisäer entsprungen ist.«[58] Es war die Zeit, da die historisch-kritische Bibelforschung des Protestantismus eine stetig wachsende Anzahl von Kirchentraditionen in Zweifel zog, um ihre noch immer unvollendete Suche nach dem »historischen Jesus« anzubahnen. Begeistert von dieser Entmythologisierung Jesu, die schon mit Reimarus (1694–1768) angefangen hatte, sahen jüdische Reformler in dieser neuen Richtung die Bestätigung für ihren eigenen evolutionären Historismus. Für sie wurde der Rabbi von Nazaret nicht nur ein legitimer Gegenstand jüdischer Forschung, sondern auch die Hoffnung auf gemeinsame christlich-jüdische Zusammenarbeit, von der das Judentum als »Quelle und Ursprung« Jesu an Salonfähigkeit nur gewinnen konnte. Der negative Jesus der jüdischen Selbstwehr des Mittelalters wurde nun ein apologetischer Jesus der jüdischen Selbstbehauptung. Ja, es entsteht des öfteren der Eindruck, daß die Reformler, die oft mit ungeziemender Hast ihren »liberalen« Glauben vom jüdischen Überlieferungsgut »befreien« wollten, mit nicht we-

---

[57] Jüdische Zeitschrift für Wissenschaft und Leben, 1867, S. 252.
[58] Ebd. 1870, S. 2.

niger Eile bemüht waren, Jesus zu rejudaisieren – mittels desselben Talmuds und Midrasch, den sie für ihr eigenes Glaubensleben weitgehend ablehnten.

So kam es dazu, daß zu einer Zeit, als Ernest Renan (1823 bis 1892) und David Friedrich Strauß (1808–1873) Jesus und Judentum als Gegner profilierten und Bruno Bauer (1809–1882), ein gehässiger Judenfeind, zu der Schlußfolgerung kam, die Evangelisten hätten Jesus einfach erfunden, sich jüdische Historiker wie Isak Markus Jost (1793–1860), Heinrich Graetz (1818–1891) und Abraham Geiger (1810–1874) weitgehend auf die Evangelienberichte stützten, um Jesus als Juden hinzustellen und die Lichtquelle seines Glanzes als echtes Judentum darzutun.

Es war, als ob die Juden des 19. Jahrhunderts das Stillschweigen von 50 Generationen ihrer Vorfahren nun mit Eifer wettmachen wollten, indem sie eine wahre Flut von Monographien, Büchern und Abhandlungen über ihren lang vernachlässigten Glaubensgenossen erscheinen ließen. So apologetisch auch diese »Jesus-Welle« in ihren Grundzügen ausfiel, sie zeigte doch, daß Jesus nur als eine Gestalt des antiken Judentums verstanden und daß weder sein Selbstverständnis noch seine Botschaft von der falschen Alternative »Jesus oder Judentum« her erörtert werden konnte.

So konnte Samuel Hirsch (1808–1889), ein Reformrabbiner und Philosoph hegelianischer Prägung, vom Rabbinat in Dessau (1866) zur Stellung des Präsidenten der »Reform Rabbinical Assembly of America« (1869) aufrücken, ohne daß sein leidenschaftliches Interesse an Jesus als anstößig oder als mit seinem Amt in Widerspruch stehend empfunden wurde. In seinem langatmigen Buch »Das System der religiösen Anschauungen der Juden und sein Verhältnis zu Heidentum, Christentum und zur absoluten Religion«[59] befaßt er sich eingehend mit dem Nazarener, der für ihn nicht nur Jude war, sondern in der Tat »der einzige Jude«, dem es gelungen war, »die intensive Religiosität« seines Glaubens zu verwirklichen. Seine Grö-

---

[59] Frankfurt a. M. 1842.

ße bestand darin, daß er »die Idee des Judentums in all ihrer tiefsinnigen Wahrheit begriffen hatte, von ihr ergriffen wurde und sie vorzuleben begann«[60]. Jesus war nur an seinen Mitjuden interessiert, aus denen er »das Salz der Erde« machen wollte, denn »was ganz Israel soll, das muß jeder einzelne Jude tun«, auf daß das verheißene Gottesreich endlich nahe. »Der leidende Gottesknecht«, der in voller Selbstverleugnung dieses Himmelreich herbeiführen soll, ist Ausdruck dieser jüdisch-radikalen Forderung, die keine Halbheiten kennen will. Ganz auf sein jüdisches Volk eingestellt, weiß er nur hier Geistesverwandte, die ihn, den (nicht eingeborenen!) Gottessohn, im hebräischen Ursinn dieses biblischen Ehrentitels, in seinem Erlösungswerk unterstützen sollen. Sein Irrtum, der ihn an den unmittelbar bevorstehenden Anbruch des Gottesreiches glauben läßt, entfernt ihn keineswegs vom Judentum, sondern beweist im Gegenteil seinen urjüdischen Drang zur Weltverbesserung sowie seine ungeduldige Sehnsucht nach der messianischen Erfüllung.

Auf daß Jesu Hoffnungskraft und Geistesgröße nicht mit seinem Tod ende, habe Gott in seiner Jüngerschar die Vorstellung erweckt, er sei vom Tode auferstanden und lebe weiter. »In der Tat lebt er wirklich in all denen fort, die echte Juden sein wollen.« Rabbiner Hirsch ist so fest von der Identität Jesu mit der Lehre des Judentums überzeugt, daß jedwede Abweichung der Evangelien für ihn ein späterer Zusatz der Heidenkirche war, das Herausführen aus dem Judentum allein das Werk des Paulus, der Jesus später »in ein metaphysisches Wesen« verwandelte[61].

Dennoch sei die Hauptaufgabe des Christentums, »die Idee des Judentums unter den Heidenvölkern zu verbreiten«, noch immer als göttlicher Auftrag verpflichtend.

Während kaum ein christlicher Theologe bereit war, dieser überschwenglichen »Heimholung Jesu« ins Judentum beizustimmen, konnte kein Religionswissenschaftler umhin, den

---

[60] A.a.O. Kapitel V, S. 687 f.
[61] A.a.O. S. 767 f.

Worten des orthodoxen Oberrabbiners von Wien, H. P. Chajes, zuzustimmen:

»Es ist sehr bedauerlich, daß es den Juden unmöglich war, an der Erforschung des Urchristentums teilzunehmen, weil leider stets eine Mauer von Feindseligkeiten zwischen den Juden und den aus ihnen hervorgegangenen Christen stand ... Erst in den letzten Jahrzehnten kann man schüchterne Versuche der Teilnahme des Judentums an dieser Forscherarbeit feststellen ... Man muß ein rabbinischer Jude sein, den Midrasch kennen, wenn man in den Geist des ersten Christentums eindringen will. Vor allem: Man muß die Evangelien in der hebräischen Übersetzung lesen. Es ergeben sich dann sofort Aspekte, welche der nichtjüdischen Evangelienforschung fast verschlossen bleiben ... Die Juden haben die Pflicht, an der Erforschung des Neuen Testaments mitzuarbeiten, schon deshalb, weil sie ihrer eigenen Wissenschaft (damit) einen großen Dienst leisten. Man kann es ruhig sagen: Die Nichtjuden werden mit dieser wichtigen Arbeit nicht fertig werden, denn man muß das palästinensische Judentum der urchristlichen Zeit im Kopfe und im Blute haben, wenn man diesem Forschungswerk gewachsen sein will.«[62]

Was dem Christusbild der kirchlichen Dogmatik mangelte, versuchten zahlreiche jüdische Forscher im neuen Jesusbild des Judentums zu ergänzen. Vom erhabenen Aufruf zur wissenschaftlichen Zusammenarbeit des Wiener Oberrabbiners, der über ein Dutzend bedeutsame Beiträge zur modernen Jesusforschung geliefert hat, bis zum »Kriegsruf« eines De Jonge war es oft nur ein kurzer Schritt: »Fort aus den Evangelien, ihr Pfaffen! Hände weg von Jeschua! ... Her mit eurem Raub! ... Jeschua den Juden!«[63]

Den goldenen Mittelweg suchte Elia Benamoseg (1822–1900),

---

[62] Rabbiner H. P. Chajes, »Jüdisches in den Evangelien«, 6. November 1919, in: »Reden und Vorträge«, hrsg. von Moritz Rosenfeld, Wien 1933, S. 271 f.

[63] M. De Jonge, »Jeschua, der klassische jüdische Mann – Zerstörung des kirchlichen, Enthüllung des jüdischen Jesusbildes«, Berlin 1904, S. 100.

der orthodoxe Rabbiner von Livorno und Leiter des bekanntesten Rabbinerseminars in Italien. In seiner vergleichenden Studie »Jüdische und christliche Moralität« [64] beweist er aus rabbinischen Quellen, daß Jesu Lehre in allen Grundzügen pharisäisch war – so sehr, daß Jesus »zum Benjamin der Pharisäerschule« wurde. Von hier gelangt er zur eindeutigen Schlußfolgerung:
»Daher ist es nicht überraschend, daß Jesus und das Christentum eine gerechte, liberale und großzügige Moralität predigen.« [65]
Nachdem er die meisten Parabeln der Evangelien sowie die ethischen Imperative der Bergpredigt mit talmudischen Parallelen belegt hat, fährt er fort:
»Als Jesus diese Worte sprach, verließ er sein Judentum in keiner Weise. In der Tat, er predigt keine unbekannte Lehre, sondern stellt sich eindeutig auf die Seite einer der beiden pharisäischen Hauptschulen.« [66]
In seinem ökumenischen Spätwerk »Israel und die Menschheit« [67], das posthum veröffentlicht wurde, betont er:
»Jesus wollte nie eine neue Schule oder Religion gründen, noch hatte er die geringste Ahnung von der Glaubensbewegung, die viel später in seinem Namen ins Leben gerufen worden ist.« [68]
Der erste hebräische Evangelienkommentar der Neuzeit stammt aus der Feder eines orthodoxen Rabbiners, Dr. Elie Soloweyczyk, und erschien im Jahre 1875 in Paris [69]. Das Hauptanliegen dieses Werkes, das später von Rabbi L. Wogue ins Französische und dann unter dem Titel »Die Bibel, der Talmud und das Evangelium« ins Deutsche übersetzt wurde, ist es, die grundsätzliche Identität jüdischer und christlicher Ethik unter Beweis zu stellen:

---

[64] Paris 1867.
[65] A.a.O. S. 159.
[66] A.a.O. S. 209.
[67] Paris 1914.
[68] A.a.O. 284.
[69] »Kol Koré o Ha-Talmud Wehabrith Hachadaschah«.

»Jesus hatte keine andere Absicht, als Menschen mit dem Glauben an den einen Gott zu beseelen und sie zur Ausübung aller mitmenschlichen Tugenden und Liebe.zu allen, sogar zu den Feinden anzuhalten. Möge Gott uns allen, Juden und Christen, bescheren, daß wir seiner Lehre und seinem glänzenden Vorbild folgen mögen – für unser Wohl in dieser Welt und für unser Heil in der kommenden. Amen.«[70]

Was das Christusbekenntnis des Petrus betrifft: »Du bist der Messias!« (Mt 16,6) meint Rabbi Soloweyczyk, daß »Petrus lediglich versuchte, die Großartigkeit Jesu in starken Worten auszudrücken: Dank deiner außerordentlichen Tugenden bist du in der Tat der Gesalbte, von Gott erkoren, und du verdienst es, nicht nur Menschensohn zu heißen, sondern auch Sohn Gottes – ein Ausdruck, der, wie wir wiederholt bewiesen haben, in beiden Testamenten angewandt wird, um die wahren Gerechten zu bezeichnen.«[71]

Deutsche Juden, die zu den ersten Opfern der reaktionären Unterdrückung gehörten, die auf die Revolutionswelle des Jahres 1848 folgte, waren in der Vorhut jener Auswanderung, die deutsches und jüdisches Gedankengut nach Nordamerika brachten. Ermuntert von der Liberalität – Geschichtslosigkeit – ihrer neuen Umwelt, faßte die jüdische Reformbewegung alsbald Fuß, um durch ein beispielloses Überbordwerfen von Traditionsgut Raum für neue Bräuche, Ideen und Auffassungen zu schaffen.

In dem Bemühen, die protestantischen Entmythologisierer einzuholen – wenn nicht zu übertreffen –, ging jedoch nur ein amerikanischer Reformrabbiner so weit wie Bruno Bauer, Lessing, Renan, Voltaire und andere »christliche« Vertreter einer radikalen Bibelkritik, die Jesu Authentizität in Zweifel zogen. In der Person des Isaac Mayer Wise (1819–1900), der das Rabbineramt in Cincinnati seit 1846 ausübte, fanden die »Progressiven« nicht nur einen kraftvollen Sprecher, sondern ein organisatorisches Genie, vermochte er doch als neugewählter Präsident der Zentralkonferenz amerikanischer Reformrabbi-

[70] A.a.O. III, 9.
[71] A.a.O. I, S. 294.

ner diese neue Schule des Judentums binnen weniger Jahre zu institutionalisieren.

In seinem Buch »Das Martyrium Jesu von Nazareth« [72] widmet er ein leidenschaftliches Kapitel der Beweisführung, daß »die Juden Jesus nicht gekreuzigt haben« [73], da ja die Römer die »alleinige Schuld an diesem Justizmord zu tragen haben«. Von hier folgert er: »Die Horden der heulenden Fanatiker, die noch immer den Juden ›Christuskiller!‹ nachbrüllen, müssen erst lesen lernen, um die Evangelien gebührlich zu verstehen.« [74]

In dem explosiven Finale dieses Buches machen sich alle aufgestauten Frustrationen des Mittelalters Luft:

»Die christliche Geschichte, wie sie in den Evangelien steht, ist eine große Seifenblase. Sobald man ihr kritisch näherkommt, zerplatzt sie. Die christologische Dogmatik, die auf ihr erbaut wurde, ist ein Papierballon, der auf heißer Luft schwebt. Alle sogenannten Jesusbiographien sind romantische Erfindungen; Werke der Phantasie, die auf dem Treibsand unverläßlicher Überlieferungen basieren ... Die Prozesse Jesu sind offensichtlich unwahr. Nur mit großer Schwierigkeit kann man ihnen die nackte Tatsache entnehmen, daß Jesus gekreuzigt worden ist ... Wir fordern das gesamte christliche Establishment heraus, eine einzige menschlich und universal gültige Lehre Jesu zu nennen, die nicht schon im Judentum enthalten ist ... Die universalen, religiösen und ethischen Elemente des Christentums haben nichts mit Jesus und seinen Aposteln zu tun ... Im landläufigen Sinne des Wortes kann man ein guter Christ sein, ohne im geringsten an Jesus oder das Evangelium zu glauben ... In diesem dritten Viertel des 19. Jahrhunderts schenkt die menschliche Intelligenz diesem Jesus und seiner Frohbotschaft keinen Glauben mehr. Der Abstieg der Kirche als politische Macht zerstreut die letzten Zweifel über den Niedergang des christlichen Glaubens ...«

Der nächste Angriff des Rabbiners gilt der Orthodoxie der Kirche und der Synagoge – im selben Atemzug:

---

[72] Cincinnati 1874.
[73] A.a.O. S. 129 ff.
[74] A.a.O. S. 131.

»Genau wie das rabbinische Judentum war das dogmatische Christentum das Produkt eines Zeitalters ohne Buchdruck, Teleskop, Mikroskop, Telegraph und Dampfschiffahrt. All diese Zeugen der menschlichen Intelligenz haben Titanenschlachten geliefert, um die alten Hochburgen des Rückschrittes ein für allemal zu besiegen und zu zerstören. Auf ihrem Boden soll nun der erhabene Tempel der Menschheit erstehen, eine Universalrepublik, eine weltweite Vernunftreligion und eine große Bruderschaft aller Menschenkinder. Das ist der Neue Bund, die Frohbotschaft der Vernunft und der Menschlichkeit.« [75]

Neun Jahre später verfaßte Wise, inzwischen älter und weiser geworden, eine Neuinterpretation des Nazareners. In »Drei Vorträge über die Ursprünge des Christentums« [76] formuliert der rabbinische Haudegen etwas abgeklärter:

»Jesus von Nazareth war nicht der Gründer des Christentums. Er war ein pharisäischer Schriftgelehrter und ein jüdischer Patriot, der fest entschlossen war, seine Heimat aus den Krallen einer blutrünstigen Tyrannei zu befreien ... Deshalb war er den römischen Obrigkeiten und ihren Römlingen in Judäa verhaßt. Als er zum Messias ausgerufen wurde, war sein Tod unvermeidlich ... er war nicht gekommen, um eine blutige Revolution anzubahnen, denn er wußte, daß jedweder Versuch dieser Art nur in eine Katastrophe münden konnte. Als es soweit war, opferte er sich selbst, um die Seinen zu schützen. Er sagte, er sei nur zu den verlorenen Schafen Israels gesandt worden – und diese Mission kostete ihm sein Leben.« [77]

Wenn ein Rabbiner des Reformjudentums es eine Zeitlang versuchte, die Authentizität des Lebens Jesu in Frage zu stellen, so war es der Oberrabbiner von Schweden, G. Klein, der »das ausschlaggebende Wort in der Debatte über Jesu Historizität sagen konnte, das alle Skeptiker entwaffnete« [78].

In einem dünnen Bändchen, provokativ »Ist Jesus eine histo-

---

[75] A.a.O. S. 132–134.
[76] Cincinnati 1883.
[77] A.a.O. S. 7 ff.
[78] Gösta Lindeskog, »Die Jesusfrage im neuzeitlichen Judentum«, Uppsala 1938, S. 206.

rische Persönlichkeit?« betitelt [79], behauptet er, daß in den Evangelien »ein Jude spricht, ein national denkender Jude, kein Kultheros« [80]. Nach einer rabbinischen Exegese der drei synoptischen Evangelien kommt Klein zu folgender Schlußfolgerung:
»Der Hintergrund ist eindeutig jüdisch; der Geruch palästinensischer Erde, der von den Seiten emporströmt, ist so stark, daß nur eine ungezügelte Phantasie imstande ist, diesen historischen Jesus in einen Mythos zu verwandeln.« [81]
Einer der Gründe, die Rabbi Klein zu dieser Überzeugung brachte, war der Synhedrionprozeß, der »Jesus zum Tode verurteilen mußte«, da er in der Tat »Gotteslästerung begangen hatte«. Kleins Argumentation widerspricht zwar fast allen jüdischen und vielen christlichen Auslegungen, die in der ganzen Synhedrion-Perikope ein tendenziöses Einschiebsel späterer Generationen sehen, jedoch entbehrt seine Beweisführung nicht einer interessanten Originalität:
»Ich will in diesem Zusammenhang auch ein Wort über den Grund der Verurteilung Jesu sagen. Nach den Quellen soll diese wegen Blasphemie erfolgt sein. Nirgends aber ist zu lesen, worin diese Schmähung bestanden hat. Denn die Antwort, die Jesus dem Hohenpriester erteilt, konnte unmöglich von einem Juden zu Jesu Zeit als eine Schmähung des göttlichen Namens angesehen werden ... Wenn irgend etwas geeignet ist, die Geschichtlichkeit ... der Tatsache der Verurteilung in der Kreuzigung zu erhärten, so ist es die Unterredung Jesu mit dem Hohenpriester. Vorausgesetzt, daß diese richtig verstanden wird.
In Mischna Sukka IV,5 wird über die Prozession um den Altar am Hüttenfeste berichtet: Jeden Tag des Festes ging man in Prozession um den Altar, das Gebet sprechend: Ach, Gott, hilf doch! (Ps 118,25). R. Jehuda sagt: Man betete *Ani-We-Hu*, hilf doch!
In diesem *Ani-We-Hu* finde ich den ›verborgenen Gottesnamen‹, den Gott, nach der jüdischen Tradition, in der messiani-

---

[79] Tübingen 1910, 46 Seiten.
[80] A.a.O. S. 27.
[81] A.a.O. S. 28.

schen Zeit allen offenbaren wird. Ein Mischnahlehrer erklärt die Sache so: *Ani-We-Hu* = Ich und Er = Ich will sein wie Er. Wie Er barmherzig und liebevoll ist, so will auch ich barmherzig und liebevoll sein. Das ist der Inhalt des geheimgehaltenen Gottesnamens. Er birgt in sich das tiefste Geheimnis der Religion, die *unio mystica,* die Forderung, eins zu werden mit Gott. Dieses Geheimnis der Welt zu offenbaren, tritt Jesus auf. Wenn er aber das gewaltige, von den meisten mißverstandene Wort ausspricht: ›Ich und der Vater sind eins‹ (Joh 10,30), so spricht er damit den Inhalt des verborgenen Gottesnamens *Ani-We-Hu* aus. Diese Lehre zieht sich besonders durch das ganze vierte Evangelium [82]. Ich behaupte nun, daß die Gegner Jesu eine in ihren Augen begründete Ursache hatten, Jesu der Sünde der Gotteslästerung zu bezichtigen. Denn wegen des Aussprechens des ›verborgenen Gottesnamens‹, wozu er nach ihrer Meinung kein Recht hatte, ist er als Lästerer behandelt worden. Und die Satzung über den Lästerer lautet in der Mischnah Sanhedrin VII,5: ›Der Gotteslästerer wird nur dann schuldig, wenn er den verborgenen Gottesnamen ausspricht ... Wird das Urteil gefällt ... erheben sich die Richter und zerreißen ihre Kleider und nähen die Risse nicht mehr zu.‹
Über die Unterredung Jesu mit dem Hohenpriester liest man in Mk 14,61 folgendes: ›Wiederum befragte ihn der Hohepriester und sagte zu ihm: Bist du der Christus, der Sohn des Hochgelobten? Jesus aber sagte: Ich bin es ...‹ Aller Wahrscheinlichkeit nach hat die Antwort im hebräischen Text gelautet: *Ani-We-Hu.* Zeuge dessen ist die Fortsetzung des Berichtes: ›Der Hohepriester aber zerriß seine Kleider und sagte: Was brauchen wir noch Zeugen! Ihr habt die Lästerung gehört.‹ Das Zerreißen der Kleider erfolgte aber nur beim Anhören des Gottesnamens, folglich hat Jesus diesen Namen ausgesprochen. So erhielt der Hohepriester einen scheinbaren Rechtsgrund für seine Verurteilung. Sein Zweck war erreicht: vor dem Volke war er gerechtfertigt und nun konnte Pilatus das weitere besorgen.« [83]

[82] Vgl. z. B. Joh 9,15; 5,19 ff.; 14,10 ff.; 17,6 ff.
[83] A.a.O. S. 41 ff.

Drei weitere Glieder in seiner rabbinischen Argumentation bringen Klein zu seiner endgültigen Zusammenfassung:
»Mein Resultat, das sich mir aus einem mehr als drei Dezennien langen Studium der neutestamentlichen Zeitgeschichte ergibt, fasse ich dahin zusammen: Klarer, konziser das Gepräge des Persönlichen an sich tragend, ist uns keine Lehre aus dem Altertum überliefert worden als die Lehre Jesu oder, um mit Harnack zu sprechen, als das ›erste Evangelium‹. In diesem hören und sehen wir eine bestimmte Persönlichkeit, die zeitgemäße Züge an sich trägt und nur aus ihrer Zeit und ihrer Umgebung heraus erklärt werden kann. Vergebens wird man anderwärts nach dem ethischen Monotheismus suchen, wie ihn Jesus im Geiste und in Übereinstimmung mit den Propheten Israels gepredigt hat. Vergebens wird man anderwärts nach der jüdischen Gedankenwelt suchen, in der sich Jesus bewegt hat. Auf sicherem Boden ruht somit die Tatsache, die keine Philosophie erschüttern kann: Jesus von Nazareth ist eine historische Persönlichkeit.«[84]
Die meisten rabbinischen Jesusbilder der letzten hundert Jahre gehen weiter. Ihre bilderstürmerische Intention ist meistens die Enthellenisierung und Rückhebraisierung des Mannes, der nicht weniger als ein dutzendmal im Neuen Testament als »Rabbi« tituliert wird. Die Gräzisierung Jesu und seiner Botschaft bleibt für die Rabbinen bis heute das Grundübel der Evangelien – genauso wie derselbe Hellenismus zu Jesu Zeiten als abscheuliche Antithese alles Judentums für ihre tannaitischen Vorgänger galt.
»Jesus war Jude, ein Hebräer der Hebräer. Was immer ich auch von dem Wunder seiner Geburt glauben mag, seine Mutter Maria bleibt eine Jüdin. Er wurde als Jude erzogen. Er betete in der Synagoge. Er sprach keine Sprache außer Hebräisch ... Jesus lehrte keine neue Religion, noch wollte er das tun.«
Dieser Absatz aus der Autobiographie eines der populärsten jüdischen Sprecher in den USA, Rabbi Stephen Wise[85], ent-

---

[84] A.a.O. S. 45 f.
[85] »Challenging years«, die Autobiographie von Stephen Wise, New York 1956, S. 281.

spricht fast vollständig auch allen anderen modernen rabbinischen Auffassungen von der umstrittenen Gestalt des Nazareners – mit einer bemerkenswerten Ausnahme: Aron (Armand) Kaminka (1866–1932), ein orthodoxer Rabbiner in Wien, Gründer und Leiter des bekannten Maimonides-Instituts in der österreichischen Hauptstadt, widmete ein Büchlein [86] der pseudonymen Talmudlegende [87], die Jesus seine jüdische Abstammung abspricht.

Indem er sich auf Jesajas Bezeichnung Galiläas als »Land der Heiden« (8,23), auf den abschätzigen Hinweis im ersten Makkabäerbuch »Galiläa der Heiden« (5,15), auf den »Bann der Unreinheit«, den Rabbi Jose Ben Joeser und Rabbi Jose Ben Jochanan über »das Land der Heiden« aussprachen [88], sowie auf einige andere rabbinische Schriften bezieht, kommt Rabbi Kaminka zu der Schlußfolgerung:

»Das ganze Land Galiläa ... hatte tatsächlich aufgehört, israelitisch zu sein ... Galiläa blieb nach wie vor heidnisch, von einer gemischten Bevölkerung bewohnt.« [89]

Dann folgt eine Anspielung auf eine fast »rassisch« anmutende Messianität, mit der das Büchlein endet:

»Es konnten wohl schwärmerische Geister nichtjudäischer Abstammung, ein Paulus aus Tarsos und andere, ihr heidnisches Volk preisgeben und die Ideen, die sie in Jerusalem gesammelt, von ihren berufenen Trägern losgelöst, den Bürgern des Weltreichs verkünden und ihnen von Gerechtigkeit und Gnade, Schuld und Sühne predigen. Der judäische Stamm aber erwartete eine messianische Erhebung nicht bloß einer Persönlichkeit, und am wenigsten einer fremden, sondern gleichzeitig seiner Volksindividualität, da sein Bestehen als auserwähltes Volk sein einziges Dogma und das Grundprinzip seiner Autoritäts- oder Offenbarungslehre ist. Konnte es aus Mangel an physi-

---

[86] »Studien zur Geschichte Galiläas«, Berlin 1890.
[87] In den sogenannten Ben-Stada-Anspielungen, wie z. B. in bSabbath 104 b und bSanh 67 a, die seit dem 12. Jahrhundert als mit Jesus nicht zusammenhängend erkannt worden sind.
[88] bSabbath 14–15.
[89] »Studien zur Geschichte Galiläas«, a.a.O. S. 30 f.

scher Macht nicht daran denken, sich zu erheben, zu siegen, so blieb als einzige, wichtigste Aufgabe: sich zu erhalten, in seiner ewigen Unauflösbarkeit zu beharren, für sich, wenn es schon nicht neben und über den Völkern stehen konnte, und die Erwartung wach zu erhalten, daß das Heil der Menschheit von Zion und Jerusalem und aus judäischem Blut hervorgehen müsse.«[90]

Neun Jahre später wurde die Idee von einem Wahldeutschen aufgegriffen, Houston Stewart Chamberlain, mit dem Ziel, seinen »wissenschaftlichen« Antisemitismus auch in christlichen Kreisen Deutschlands salonfähig zu machen.

»Wer behauptet, Jesus sei ein Jude«, schrieb er mit Nachdruck, »ist entweder ignorant oder unehrlich.«[91] Die These, die »bewies«, daß in den Adern Jesu mehr arisches als jüdisches Blut floß, machte bald Schule in Deutschland. »Jesus war nicht eigentlich Jude; er war Galiläer, das ist nicht dasselbe«, schrieb Pastor H. Monnier[92]. Sich auf Rabbi Kaminkas Quellen stützend, ohne ihn jedoch zu zitieren, behauptet der Geistliche, daß es dank der »vorwiegend heidnischen Bevölkerung Galiläas« plausibel scheine, daß Jesus als »Mischling« zur Welt gekommen sei. Von hier aus war es für Wilhelm Hauer[93] ein leichtes, Jesus zum Sohn eines »deutschen Soldaten« und einer »persischen Mutter« zu machen, während Walter Grundmann 1941 zu Jena lehrte, die Mutter Jesu käme »von den Heiden«, was ihren Sohn also »rassisch entlaste«.

Wie das Judesein Jesu im Mittelalter zur Mordwaffe gegen Juden mißbraucht wurde, so mußte der Kirchenstifter offensichtlich durch die Neuheiden unseres Jahrhunderts »entjudet« werden, ehe seinen Brüdern und Schwestern das größte Massengolgotha der Weltgeschichte bereitet werden konnte.

Rabbi H. G. Enelow (1877–1934) betonte wie sein orthodoxer Kollege Kaminka Jesu galiläische Abstammung, kam aber zu einer völlig anderen Schlußfolgerung. Da die galiläische Ju-

---

[90] A.a.O. S. 58 f.
[91] »Die Grundlagen des 19. Jahrhunderts«, Berlin 1899.
[92] H. Monnier, »Die historische Mission Jesu«, 1906, S. 27.
[93] Ein arischer Christus, Karlsruhe 1939.

denheit weit stärkeren heidnischen Einflüssen ausgesetzt war als ihre Glaubensbrüder in Judäa, neigte sie weniger zur »starren Orthodoxie« und war »weltoffener« in ihrer Einstellung zum Religionsgesetz. Daher auch ihre größere Aufnahmebereitschaft charismatischer Führer und »prophetischer Persönlichkeiten«. Für den amerikanischen Reformrabbiner Enelow ist Jesus der Prototyp »des jüdischen Erzidealisten«, der keine materiellen Schwierigkeiten anerkennen will, wenn es gilt, sein erhabenes Ziel zu fördern:

»Das Königreich Gottes, entschied Jesus, war nicht politischer Natur. Es gehörte der geistigen Welt an ... was ihn selbst anbetraf, entschloß er sich, zum Messias zu werden, als Gottes Gesalbter und sogenannter Gottessohn, um so das Himmelreich zu verwirklichen. Die jüdischen Obrigkeiten, die bittere Erfahrungen mit selbstgesalbten Messias-Anwärtern gemacht hatten, beschlossen, ihn den römischen Autoritäten zu übergeben, um eine Pauschalanklage des Volksaufstandes zu vermeiden. Sie hatten weder Lust noch Zeit für subtile theologische Untersuchungen. So verlor Jesus sein Leben in den messianischen Unruhen seines Zeitalters.« [94]

Das jüdische Schweigen über Jesus erklärt Rabbi Enelow, der spätere Präsident der Zentralkonferenz amerikanischer Reformrabbiner, in einem schicksalsschweren Satz:

»Wenn wir an die Vielfalt der Lehren, Systeme, Regime, Kulte und Doktrinen denken, die alle im Namen Jesu legitimiert und sanktioniert worden sind; wie viel Unmenschlichkeit sich auf ihn berief und für wieviel Judenleid und Judenmord er herhalten mußte, dann können wir verstehen, warum ihm im Laufe der jüdischen Geschichte so wenig Aufmerksamkeit geschenkt worden ist.« [95]

Nun aber hat sich die Situation gebessert:

»Der moderne Jude begreift die ethische Macht und geistige Größe Jesu. Nun nimmt Jesus den ihm gebührenden Platz ein unter den edlen Morallehrern und Glaubenshelden Israels.« [96]

[94] »A Jewish View of Jesus«, New York 1920, S. 130 ff.
[95] A.a.O. S. 166.
[96] A.a.O. S. 176.

Das Buch endet mit einem Hohenlied der Hoffnung:
»Unter allem Guten und Großen, das die Menschheit hervorgebracht hat, ist nichts annähernd so universal in seinem Anspruch und Einfluß wie Jesus. Er ist die anziehendste Gestalt der Weltgeschichte geworden. In seiner Person vereint er das Beste und Tiefste Israels – des ewigen Volkes, dessen Sohn er war ... Der Jude kann nicht umhin, stolz darauf zu sein, was Jesus für die Welt bedeutet. Noch kann er sich der Hoffnung entschlagen, daß Jesus zum Band der Einigung zwischen Jude und Christ werde, nachdem Mißverständnisse entfernt sind und seine Lehre besser verstanden wird ...«[97]

Seltsam ist die Geschichte des amerikanischen Reformrabbiners Joseph Krauskopf, der, dem Ratschlag seiner Frau folgend, die Oberammergauer Passionsspiele im Sommer 1900 besuchte. Während der drei quälenden langatmigen Akte des Amateurdramas kämpften, wie er sagte, zwei widersprüchliche Gefühle in seinem Herzen: Abscheu über die gehässige Art, in der Juden und Judentum von den bayerischen Dörflern karikiert wurden – und eine wachsende Sympathie für den Helden der allzu langen Vorstellung:

»Ich kenne nichts, was die weitverbreiteten Vorurteile gegen Juden bei diesen Leuten mehr vertiefen, was den schrecklichen Haß stärker schüren könnte als diese Passionsspiele«, so schrieb er am nächsten Tag[98]. Sobald der Vorhang nach der Kreuzigung fiel, schrieb er den ersten Entwurf seines Buches, das die utopische Hoffnung Rabbi Enelows nähren sollte:

»Man darf wohl glauben, daß mein Buch die Möglichkeit enthält, in Jesus, dem Menschen, diejenigen zu vereinigen, die durch Jesus, den Christus, getrennt worden sind.«[99]

Was folgt, ist der Versuch einer Biographie Jesu, der wie jeder gute Reformrabbiner sich sehnt, »zu den Quellen des prophetischen Judentums zurückzukehren«, nachdem er zuvor »den Ritualballast des pedantischen Legalismus abgestreift hat«. Es

---

[97] A.a.O. S. 181.
[98] »A Rabbi's Impression of the Oberammergau Passion Play«, Philadelphia 1901, S. 19.
[99] A.a.O. S. 12.

war die Reaktion der rabbinischen Paragraphenreiter, laut Krauskopf, die letztlich zu »Jesu frühzeitigem Tod am römischen Kreuz« geführt hat:
»Dies ist das Ende einer der traurigsten menschlichen Karrieren der Weltgeschichte; geläutert von allen mythischen Verkrustungen und kirchlichen Verfälschungen ist dies die Geschichte eines Juden: das Leben und die Taten Jesu, des Rabbis und des Patrioten aus Nazareth.«[100]
Anders als fast alle rabbinischen Autoren, die Paulus entweder ignorieren oder für die posthume Vergöttlichung Jesu verantwortlich machen, schildert Krauskopf den Heidenapostel als Wohltäter sowohl des Judentums als auch der Menschheit insgesamt:
»Trotz allen Wunden, die seine Christologie geschlagen hat, ist es sein ewiges Verdienst, die Ethik des Judentums in der Heidenwelt verbreitet zu haben ... und uns gezeigt zu haben, wie das reine, ursprüngliche Judentum, sobald man es von veralteten, sinnlosen und abstoßenden Zeremonien läutert, in einen Glauben verwandelt werden kann, der die Welt erobert.«[101]
Es endet mit einem frommen Wunsch, der an die Theologie der ebionitischen Judenchristen erinnert:
»Was die Christenwelt benötigt, ist noch ein Jude, um die Trinität der jüdischen Reformatoren zu vollenden ... einer, der in sich die moralische und religiöse Lauterkeit Jesu mit dem Eifer und der Energie des Paulus vereint ... er wird der langerwartete Messias sein. Seine Ankunft wird die Wiederkunft des Nazareners bedeuten. Die Zeit für sein Kommen naht.«[102]
Daß Rabbi Krauskopfs Hoffnung leider noch immer utopisch bleibt – nach zwei Weltkriegen und sechs Millionen Judenmorden –, beweist der Bericht einer ökumenischen Studiengruppe, der die Oberammergauer Passionsspiele vom Jahre 1970 »der Verzerrung historischer und theologischer Zusammenhänge« anklagt und betont:

[100] A.a.O. S. 143.
[101] A.a.O. S. 215.
[102] A.a.O. S. 215 f.

»Am gefährlichsten ist das Festhalten an mittelalterlichen Klischees des Judenbildes, z. B. Geldgier, Neid, Rache, Blutdurst, Verrat, Falschheit, Wankelmütigkeit, Fanatismus usw.«[103] Wenn hier hinzugefügt wird, was Rabbiner Uri Themal, der jüdische Geistliche der Studiengruppe, betonen zu müssen glaubte, daß der Jesus von Oberammergau noch immer bibelwidrig sein eigenes Volk verdammt, »die Zeit der Gnade« für die Juden als »verflossen« und »den Alten Bund« als »beendet« erklärt, während der Chor der Gemeinde Worte ewigen Fluches über »die Juden« ausstößt, ist es schwer, ökumenischen Optimismus zu bewahren.

Die rabbinische Schule, deren Schlagwort betreffs Jesus »nihil novi« sein könnte, da sie im Neuen Testament nichts Neues findet, was sie anzusprechen vermöge, ist am klarsten durch Arthur Marmorstein (1882–1941) vertreten, dem orthodoxen Rabbiner aus Jamnitz in Mähren. Seine Antwort auf die christliche »Gretchenfrage« lautet wie folgt:

»Wenn aber das Judentum ... zu Jesu Zeit ein geistiges Gottesreich mit religiösen sittlichen Aufgaben und Gütern erwartet hätte, warum hätten dann die Vertreter des Judentums Jesu Verkündigung nicht angenommen? ... Besonders deshalb, weil er keinen neuen Gedanken, keine neue Lehre, keinen Satz in neuer Gestalt verkündet hat. Auf einen zynischen Schulmeister in Athen, einen kaiserlichen Offizier in Rom, der den Kelch der Genüsse bis zur Hefe geleert hat, auf einen habsüchtigen Großlieferanten in Klein-Asien, der sich der Tränen der Witwen und Waisen nicht erbarmt, auf einen ehrsüchtigen Magistratschef in einer entlegenen Provinzansiedlung am Rhein oder an der Donau, auf einen einfachen, schlichten Bauern in Hispanien oder Gallien mag die Bergpredigt oder ein Gleichnis mächtig gewirkt haben, aber einem Vollblutjuden waren diese Begriffe, Lehren und Anschauungen längst in Fleisch und Blut übergegangen.«[104]

Max Dienemann, der orthodoxe Rabbiner von Offenbach

---

[103] Zentralrat der Juden in Deutschland, Jüdischer Pressedienst, Düsseldorf 1970, Nr. 6, S. 10.
[104] »Talmud und Neues Testament«, Jamnitz 1908, S. 29.

(1875–1939), hingegen ist der Meinung, Jesus sei von der Mehrzahl seiner Glaubensgenossen abgelehnt worden, da seine Art, zu lehren und zu handeln, »unjüdische« Züge trug:
»Wenn auch alle Evangelienberichte über das, was jüdischerseits mit Jesus geschah, spät und tendenziös sind, sie müssen jedenfalls einen geschichtlichen Hintergrund widerspiegeln – den nämlich, daß Jesus innerhalb der Judenheit seiner Zeit Ablehnung fand. Warum aber? ... Es ist psychologisch gar nicht anders zu erklären, als daß in seiner Rede und in seinem Tun von Anfang an Züge waren, die man sofort als dem Judentum wesensfremd und aus dem Judentum herausführend spürte und erkannte. Es braucht gar nicht zu sein, daß er sich selbst als Gottes-Sohn in der späteren Färbung dieses Wortes bezeichnete, aber jene Art, sittliche Forderungen aufzustellen, ohne auch nur den Versuch zu machen, sie für die Ordnung des alltäglichen Lebens fruchtbar zu gestalten, jenes Absehen von der Aufgabe, für die Nöte der Zeit Hilfe zu schaffen, weil das Gottesreich schon in ihm sei, mußte sofort als etwas empfunden werden, was nicht nur ... der jüdischen Ethik widersprach, sondern auch in seinen Folgen dazu führen mußte, die Grundlagen des damaligen jüdischen Volkslebens zu erschüttern ... Jenes selbstherrliche Schalten mit den Worten der Torah und das Bewußtsein persönlicher Vollmacht mußten als unerträglich, der jüdischen Gottesidee und der jüdischen Auffassung von prophetischer Sendung widersprechend, als eine unjüdische religiöse Haltung empfunden werden.
Nur so ist es zu erklären, daß man ihm, auch wenn er sich als zu Israel gesandt empfand, von Anfang an nicht den Willen zuerkennen konnte, das Judentum zu verinnerlichen und zu vertiefen, sondern mit Treffsicherheit herausfühlte, daß hier ein dem Judentum Fremdes und es Verneinendes zum Ausdruck kam.«[105]
Was Dienemann und andere Rabbinen anstößig an Jesus fanden, war seine geprägte Individualität, die die rabbinische Tu-

---

[105] »Judentum und Urchristentum im Spiegel der neuesten Literatur«, in Monatsschrift für Geschichte und Wissenschaft des Judentums, Nr. 71, 1927, S. 412.

gend der Bescheidenheit Lügen zu strafen schien. Nicht wer einen Spruch geprägt oder eine neue Einsicht formuliert hat, sondern was gelehrt oder behauptet wird, beschäftigt das gesamte rabbinische Schrifttum, dessen Leuchten häufig anonym blieben oder ihre Aussagen aus Demut ihren eigenen Lehrern zuschrieben. »Ich aber sage euch« ist zwar auch dem Talmud als legitime Streitrede bekannt, jedoch eher als Ausnahme, nicht als Regel, wie sie die ganze Bergpredigt durchzieht. Nicht weniger kritisch betrachten moderne Rabbinen Jesu mangelndes Engagement im politischen und nationalen Leben Israels – sowie seine totale, alles in Anspruch nehmende Hinwendung zum kommenden Himmelreich, zuungunsten des Diesseits und des grauen, oft bedrückenden Alltags. Seine Überbetonung des Ethischen, so meinen einige Rabbinen, ließ die Bedürfnisse des Volkes unberührt. Keiner der Rabbinen wirft ihm jedoch die beiden tragischen Irrtümer seines Lebens vor – seine eigene Messianität und den Zeitpunkt des beginnenden Himmelreiches –, obwohl etliche der Meinung sind, daß beide Fehlurteile letzten Endes dazu führen mußten, ihn von Israel zu entfernen und der Heidenwelt zu nähern.

Der erste Rabbiner, der je in seiner Synagoge über »Jesus der Jude« gepredigt hat, war Stephen S. Wise (1874–1949), einer der bedeutendsten Führer der amerikanisch-jüdischen Gemeinde, der zur Zeit jener Predigt als Präsident der US-zionistischen Organisation und des Amerikanisch-jüdischen Kongresses fungierte.

Als Nachkomme einer bekannten orthodoxen Rabbinerdynastie aus Ungarn war Wise im Laufe der Jahre vom konservativen zum Reformjudentum übergewechselt, als er kurz vor Weihnachten 1925 das neuerschienene Buch Joseph Klausners »Jesus von Nazareth«[106] als Gegenstand für seine Sabbatpredigt wählte. Jahrzehnte später faßte er in seinen Memoiren seine damaligen Gedanken folgendermaßen zusammen:

»Was ich an jenem Morgen zu sagen hatte, habe ich schon vorher und auch wiederholt nachher gesagt. Es war weder fun-

---

[106] »Jesus von Nazareth«, Deutsche Ausgabe, Berlin 1934.

kelnagelneu noch aufsehenerregend – außer für jene Juden und Christen, die jede Barriere und Schranke heiligsprechen. Ich stellte einfach und eindeutig folgende, wie ich glaubte, unwiderlegbare Thesen auf:

1. Jesus war ein Mensch; nicht Gott
2. Jesus war ein Jude; kein Christ
3. Juden haben nie Jesus, den Juden, abgelehnt
4. Christen haben im großen und ganzen Jesus, den Juden, nicht angenommen, noch sind sie ihm gefolgt.« [107]

Infolge der internationalen Presse-Publikationen, die seine Predigt durch die Welt trugen, kam es alsbald zu vier verschiedenen Reaktionen:

»Am Montag nachmittag veröffentlichte der Präsident der ›Orthodoxen Rabbinervereinigung Amerikas‹ eine lautstarke Philippika gegen mich und meine Ketzerei und sprach den Bannfluch aus. Am selben Tag trat eine Vereinigung von christlichen Geistlichen in Philadelphia zusammen und hieß mich als Bruder willkommen. Ich weiß nicht, was mir mehr geschadet hat – die Annahme als Bruder in der Pastorenschaft oder die Strafrede meiner rabbinischen Kollegen. Die liberalen Rabbiner des Landes gaben mir, in ihrer überwiegenden Mehrheit, ihre Unterstützung ... Nichts hätte schöner und getreuer sein können als das Verhalten so gut wie aller Leiter der Zionistischen Bewegung ... Mitten in all diese Aufregung platzte ein Brief von Nathan Straus, dem großen alten Mann aller Juden Amerikas, der für seine großzügige Wohltätigkeit nicht weniger beliebt ist als für seine Herzenswärme.« [108]

In seinem Brief forderte Straus Rabbiner Wise auf, seinen Rücktritt vom Vorstand des Vereinigten Jüdischen Appells zurückzunehmen, bezeugte volles Vertrauen in seine weitere Führung und fuhr fort:

»Ich stifte hiermit eine weitere Summe von 150 000 Dollar, von denen 100 000 Dollar für den baldmöglichsten Bau eines Nathan-Straus-Wohlfahrts- und Hilfszentrums für alle Bedürftigen in Palästina benützt werden sollen ...« [109]

[107] »Challenging years«, a.a.O. S. 283.
[108] A.a.O. S. 284.   [109] A.a.O. S. 285.

Da diese Spende später zum Eckstein der berühmten Hadassah-Klinik in Jerusalem wurde, darf behauptet werden, daß Jesus – auf Grund von Klausners Buch und Rabbi Wises Predigt – zur Heilung seiner Mitjuden in seiner alten Heimat beigetragen habe.
Während Stephen Wise in Jesus hauptsächlich den rabbinischen Lehrer und Bibelmoralisten sah, fühlte der zionistische Staatsmann und amerikanische Rabbiner Abba Hillel Silver (1893–1963), daß nur das geistige Klima messianischen Eifers, das das Land Israel im ersten Jahrhundert durchflutete, den Schlüssel zur vielschichtigen Personalität Jesu liefern könne:
»Jesu eigentliche Sendung war apokalyptisch; nicht prophetisch. Er war mehr ein Mystiker als ein Moralist. Sein leidenschaftliches Anliegen war nicht der Umsturz oder der Umbau der Gesellschaft, sondern ihre Errettung von der Härte des Letzten Gerichts, das er herannahen spürte. Er wollte Menschen vor den Geburtswehen der messianischen Zeit retten. Das Ethos, das er seinen Jüngern predigte, war für eine Welt gedacht, die in den letzten Zügen lag. Das ganze Epos Jesu muß im Licht der millenaristischen Zeitberechnung seiner Zeitgenossen gelesen werden, sonst bleibt es unverständlich ... er war kein Revolutionär. Er versuchte nicht, sein Volk vom Römerjoch zu befreien. Er schlug kein politisches Programm vor. Es war ja nicht mehr nötig. Das Tausendjährige Reich stand vor der Tür und Rom würde bald von einer Macht zermalmt werden, die größer war als alle Menschenkraft.«[110]
In einer Kurzgeschichte, »Der Jude und Jesus« betitelt[111], schrieb er den Dialog, der stattgefunden hätte, »wenn ein Jude an diesem Weihnachtsabend 1936 Jesus treffen würde«:
»... Und der Jude würde fragen: Nun, da neunzehn Jahrhunderte vorbeigegangen sind und deine Jünger von einer kleinen Schar zu Hunderten von Millionen angewachsen sind und das ganze Abendland beherrschen, wo bleibt nun der Friede auf Erden? Wo ist der gute Wille unter den Menschen? ... Bruder

---

[110] »A History of Messianic Speculation in Israel«, New York 1927, S. ff.
[111] »Therefore Choose Life«, New York 1937, S. 315–320.

Jesus, bist Du vielleicht unterwegs nach Madrid? Dort wirst du keine Himmelschöre Friedenshymnen singen hören. Vom Himmel regnet es dort Flammentod und Bomben, die Mann, Frau und Kinder zerreißen. Dort wirst du eine alte Christenstadt sehen, die in Trümmern liegt, wo Christen ihre Mitchristen erschlagen – und beide werden deinen Namen anrufen, um Bajonette in dem Leib des Nächsten zu begraben. Etliche behaupten sogar, sie töteten, um die Religion zu retten. Ist das deine Religion, Bruder? ...
Du pflegtest in der Synagoge zu predigen, Bruder Jesus. Dort warst du willkommen. Das christliche Deutschland läßt dich weder in Kirchen, noch in Synagogen predigen, denn du bist ein Jude. Sie lieben die Juden nicht, auch wenn sie Christen werden ... Sie haben dich abgewiesen, Bruder Jesus, in dieser großen weiten Christenwelt ... Wohin gehst du, Bruder Joschua, an diesem Weihnachtsabend?«
Und Jesus würde antworten:
»Ich gehe zu keiner Kathedrale, um die Orgel zu hören noch um den Prunk der Priester anzuschauen. Ich will keinen Weihrauch. Ich gehe durch die Seitengassen dieser Welt, so wie ich einst entlang dem See Genezareth wandelte, auf der Suche nach ein paar einfachen Leuten, einfachen, aber ehrlichen Menschen, um ein Königreich mit ihnen zu erbauen.«
»Ich auch«, würde der Jude antworten, »ich suche auch solche Brüder. Schalom Aleichem – der Friede sei mit Dir!«
»Und auch mit Dir, Bruder!« [112]
Die jüdische Jesusforschung ist ein Kind der jüdischen Jesuspolemik und der protestantischen Bibelforschung des 19. Jahrhunderts. Von ihren Eltern hat sie sowohl den apologetischen Unterton als auch die wissenschaftliche Neugierde ererbt. Diese breitgestreute Forschung kann in drei Stufen eingeteilt werden, die alle aus der Antithese zum Christusbild der Kirchen entstanden sind. »Jesus war Jude«, war der erste Schritt, der zur Solidarität mit diesem versprengten Sohn Israels aufrief. »Jesus war Ur-Jude«, hieß die zweite Phase, die sich gegen die

---

[112] A.a.O. S. 316–320.

zeitlose, überirdische Lichtgestalt der Christologie aufbäumte, um dem Nazarener seine jüdische Heimat und seinen rabbinischen Sitz im Leben zurückzuerstatten. »Jesus war Nur-Jude« könnte das Motto der dritten Etappe lauten, da hier mit Intensität, oft mit Heftigkeit bewiesen werden sollte, daß seine Lehre nicht christlich war und sein Anliegen nicht allgemeinmenschlich; daß sein Wirken Israel galt und nicht der Welt, erst recht nicht der Kirche.

Dreistufig war auch die Reaktion der christlichen Forscher zu diesem plötzlichen, unverhofften Interesse der Juden an ihrem einzigartigen Landsmann. Nachdem die anfängliche Hoffnung, daß solch großer Wissensdurst schließlich zur Taufe führen möge, enttäuscht wurde, kam es zu einer unterschwelligen Empörung über diese »aufdringlichen« Versuche, Jesus zu entchristologisieren, um den Heiland der Kirche zum »bloßen Juden« zu reduzieren. Dieses Unbehagen führte zu einer paulinischen Akzentverschiebung, weg vom irdischen Jesus, zum nachösterlichen Christus sowie zu einer Reihe meist künstlicher Gegensätze, die namhafte Theologen beider Großkirchen zwischen Jesus und dem Judentum entdecken wollten. Erst in den letzten Jahren beginnt es zu einer echten Zusammenarbeit zu kommen, in der die jüdische Jesusforschung ihre polemische Spitze verliert, während der christliche Glaube den Mut gewinnt, sich den Herausforderungen der wissenschaftlichen Bibelkritik zu stellen. Jetzt erst besteht die plausible Aussicht, gemeinsam jenen historischen Juden namens Jeschua aufzufinden, ohne den die heutige Zivilisation des Westens undenkbar wäre.

Wie breit und mannigfaltig das jüdische Interesse an Jesus bis kurz vor dem Ausbruch des Zweiten Weltkrieges geworden ist, belegt Gösta Lindeskog [113].

Von der 35seitigen Bibliographie jüdischer Jesusschriften, die er anführt, gehören in den deutschen Sprachbereich während der ersten Periode von 1822 bis 1918 über 150 Bücher, aber bereits 122 Buchtitel in die zweite Periode von 1918 bis 1938.

---

[113] Gösta Lindeskog, a.a.O.

Das englische Sprachgebiet weist, dank seiner größeren Aufgeschlossenheit für das Judentum, einen noch größeren Reichtum an Forschungsbeiträgen auf.

Von der beträchtlichen Anzahl rabbinischer Beiträge zu diesem Neuland, das zwischen Wissen und Glauben liegt, seien aus den unmittelbaren Vorkriegsjahren noch zwei Werke erwähnt, die von Juden verfaßt wurden, die während jener unheilvollen Jahre an der Spitze des Rabbinats im Deutschland Hitlers und im Italien Mussolinis standen.

Leo Baeck (1873–1956), Sohn und Enkel von Rabbinern, war der letzte große Gemeinde-Rabbiner Berlins und Vorsitzender des Rabbiner-Verbandes in Deutschland bis zum Untergang des deutschen Judentums. Als letzte Leuchte einer tausendjährigen Symbiose verkörperte er vielleicht am besten all den geistigen Reichtum einer unvergessenen, zukunftslosen Vergangenheit, die mit ihm zu Ende ging.

Als Vertreter jenes »deutschen Judentums«, das sich aus der konstruktiven Dialektik zwischen Judentum und geistiger Kultur herleitete, lernte er früh den traditionellen Lehrinhalt seines Glaubens mit vergleichender Religionswissenschaft, Ethik und Philosophie zu verbinden. Adolf von Harnacks Werk »Das Wesen des Christentums« (1901), das der protestantische Theologe als »Abkehr vom Ungeist des Pharisäertums« gekennzeichnet hatte, stellte Baeck im »Wesen des Judentums« (1905) die Idee der jüdischen Tradition entgegen, »die das biblische Erbe ohne Bruch durch die Kette der Generationen gehen läßt, die zum Lehren berufen sind. Diese Überwindung der Zeit repräsentiert das Wesen des Judentums – kein großer Einzelner und keine begrenzte Zeit der klassischen Blüte.«

Schon in diesem Frühwerk wird Jesus in die Gesamtschau des Judentums eingeordnet, wie Baeck schon in seiner Spinoza-Dissertation geschrieben hatte: »Wir rechnen Spinoza stets und stolz zu den Unseren.« In seiner Auseinandersetzung um den »christlichen Universalismus« im Gegensatz zum angeblichen »engherzigen Partikularismus« des Judentums, wie von Harnack ihn nennt, zitiert Baeck Jesus als Kronzeugen: »Ich bin nur zu den verlorenen Schafen des Hauses Israel gesandt« (Mt

15,24) – um dann den Spieß mit Geschick polemisch gegen Harnacks Konstruktionen zu wenden:

»Wenn die Propheten in ihrem Worte vor allem und oft ausschließlich von Israel sprachen, so war es jedenfalls weise Beschränkung. Sie wußten und fühlten es, daß die Religion erst hier begründet sein müßte, ehe sie der Welt verkündet und gebracht werden könnte. Hier sollte das Gute zuerst verwirklicht werden, das wahrhaft Menschliche sollte im Jüdischen seinen Ausdruck finden ... Es zeugt von der Kraft der Rede Jesu, nicht aber von einer Enge des Gesichtskreises, wenn er sein Wort nur an Israel ergehen lassen will und seinen Jüngern nur diesen Weg weist. Aber es ist gut, daß diese seine Mahnung nicht im Alten Testament, geschweige denn im Talmud steht; denn sonst würde sie geringe Gnade gefunden haben vor den gestrengen evangelischen Herren von der alt- und neutestamentlichen Wissenschaft, sie würde sonder Erbarmen versetzt worden sein unter die Bekundungen der engherzigen jüdischen Volksreligion. Die Propheten sprechen von der Welt und ihrem Heile, aber sie sprechen zu Israel; nur die farblosen Epigonen fordern immer die ganze Menschheit zum Hören und Bewundern auf.« [114]

Hierauf widerlegt er in meisterhafter Kürze einige der christlichen Judenklischees, um gleichzeitig durch die Erörterung der messianischen Idee im Judentum die Unmöglichkeit, Jesus als den jüdischen Messias anzuerkennen, darzulegen:

»Die messianische Sendung des Christentums und des Islams ist im Judentum anerkannt worden. Und die Einsicht wurde auch dadurch nicht getrübt, daß es selten messianische Züge waren, die man zumal vom Christentum erfuhr. Man begriff, welche weltgeschichtliche Aufgabe diese Bekenntnisse zu erfüllen haben, damit die Bahn der Tage bereit sei, und man stand nicht an, dem offen Ausdruck zu geben ...

Das Judentum kann die Menschheit nicht ohne sich und sich nicht ohne die Menschheit denken. Das soziale Empfinden und Fordern mit seiner Gewißheit, seiner Verantwortlichkeit und

---

[114] »Das Wesen des Judentums«, 6. Auflage, S. 72 f.

seiner Pflicht dehnt sich ins Menschliche, ins Messianische ...
Auch vor der christlichen Religion darf das Judentum die Eigenart seiner messianischen Idee betonen: die Bestimmtheit, mit der in ihm das Gottesreich nicht als ein Gewordenes, sondern als ein Werdendes, nicht als ein Glaubensbesitz der Erkorenen, sondern als die sittliche Aufgabe aller anerkannt worden ist. Hier heiligt der Mensch die Welt, indem er Gott in ihr heiligt, indem er das Böse überwindet und das Gute verwirklicht. Das Gottesreich steht vor ihm, damit er beginne – vor ihm, weil es vor allen steht. Die ganze Menschheit ist auserwählt. Der Bund Gottes ist mit ihr geschlossen, in ihr mit jedem. Des Menschen Glaube ist, daß er an Gott glaubt und darum an die Menschheit; nicht aber, daß er an einen Glauben glaubt.« [115]
Auf vier knappen Seiten gelingt es Baeck im Sammelwerk »Die Lehren des Judentums« [116], die Auseinandersetzung zwischen Urkirche und Paulinismus, zwischen Jesu Glauben und Jesusglauben abzugrenzen:
»Die älteste christliche Gemeinde, d. h. die Gemeinde derer, die durch den Glauben verbunden waren, daß in Jesus der Messias erschienen sei, stand in ihren Personen wie als Gemeinschaft durchaus im Bezirke des Judentums. Sie gehört in den jüdischen Gesamtbereich ganz so hinein wie andere Gruppen, welche dieser damals umschloß, wie etwa die Essener auf der einen und die Sadduzäer auf der anderen Seite. Die Gedanken und die Hoffnungen, die sie hegt, sind durchaus jüdische; sie will nur das jüdische Leben haben, und sie hat auch nur den jüdischen Horizont.«
Demgegenüber steht die paulinische Christologie, deren mythisches Jesusbild mit den Grundlagen des Judentums nicht mehr vereinbar war:
»Aus dem jüdischen messianischen Glauben, wie ihn die alte christliche Gemeinde ... gehegt hatte, war hier, in der paulinischen Theologie, unter dem bestimmenden Einfluß des orientalisch-hellenistischen Mysterienglaubens ein ganz anderes ge-

[115] A.a.O. S. 275, 282.
[116] »Die Lehren des Judentums«, Band V, Leipzig 1930, S. 56–60.

worden: der Christusmythus. Auch hier steht Jesus im Mittelpunkt. Aber es ist nicht mehr der Jesus, welcher gemahnt, gelehrt, gefordert und verheißen hatte und von welchem seine Gefährten und Schüler erzählten, dem sich hier das Denken und Hoffen zuwendet. Er ist hier ein ganz anderer, und nur der Name ist geblieben.
Er ist hier der mythische Weltheiland, der vom Urbeginn an gewesen, der das Prinzip der Welt ist, durch den ›alles geschaffen worden‹. Der Glaube an ihn wird das Entscheidende, und hinter ihn tritt hier Gott, der für Jesus alles gewesen war, fast zurück; Gottes Bedeutung ist hier eigentlich nur, daß Er diesen Heiland in die Welt gesandt hat, daß Er ›der Vater unseres Herrn Jesus Christus‹ (Röm 15,6) ist.«[117]
So gut wie alle seine späteren Brückenarbeiten und Veröffentlichungen, wie z. B. »Die Pharisäer«; »Wege im Judentum«; »Judentum in der Kirche« und »Der Menschensohn« wurden von der Gestapo für wichtig genug gehalten, um öffentlich verbrannt zu werden.
Im Jahre der »Reichskristallnacht«, als es für Juden nur allzu klar war, daß Jesus dem Christentum verlorengegangen war, fand Leo Baeck die Zeit und Muße, den jüdischen Jesus als verstoßenen Bruder bei sich aufzunehmen. In den seltenen Pausen seiner aufreibenden Arbeit in der »Reichsvertretung deutscher Juden«, wo er tagtäglich um Erleichterung für die Todgeweihten, um Aufschub, um ein Hinauszögern der Brutalitäten betteln mußte, brachte er es fertig, »Das Evangelium als Urkunde der jüdischen Glaubensgeschichte«[118] zu vollenden.
Sein Anliegen – Lichtjahre von den seelischen Qualen seines Alltags entfernt – war die Restaurierung des Urevangeliums, um durch die anfängliche jüdische Überlieferung zum wahren Jesus vorzustoßen. Schicht um Schicht versucht Leo Baeck spätere Ablagerungen abzutragen, denn »erst wenn die Weise der mündlichen Überlieferung, wie sie im Judentum Palästinas damals lebte, in ihrem seelenvollen, in ihrem dichtenden Erzäh-

---

[117] A.a.O. S. 56 und 58.
[118] »Das Evangelium als Urkunde der jüdischen Glaubensgeschichte«, Berlin 1938.

len und Vernehmen, verstanden ist, kann auch Zusammenhang und Zwiespalt in unseren Evangelien begriffen sein« [119].
In späteren Schichten, hauptsächlich paulinischen und johanneischen Gepräges, sah er Jesus zum »Gottessohn«, zum Weltenheiland und zum Menschheitsmittler erhoben; seine Geschichte ist so zum Mythos geworden [120]. Darunter aber, in der ältesten Schicht, wird berichtet von Jesus »vorerst« als dem Lehrer, dem »Rabbi« seiner Jünger – hier ist »die alte Botschaft«, die »erste Evangeliumsüberlieferung – nichts anderes als alle Überlieferung in der jüdischen Welt jener Tage« [121].
Baeck ist sich der Schwierigkeit wohl bewußt, die solch eine Quellenscheidung im zusammengewachsenen Palimpsest der Evangelientexte bietet, glaubt aber, daß »es im ganzen doch möglich sei, zu dem Ursprünglichen hindurchzugelangen« [122].
Und dieses Urevangelium will er heimholen in sein weltweites Judentum, das für ihn »katholisch« genug ist, um sowohl Spinoza als auch Philo, sowohl Josephus Flavius als auch Jesus zu beheimaten.
Nur in einem Punkt stimmt Rabbi Baeck mit Hitler überein – wenn auch mit umgekehrten Vorzeichen:
»Ob nun Altes Testament oder Neues – alles ist doch derselbe jüdische Schwindel«, sagte Hitler im Jahre 1934 zu Hermann Rauschning. Vier Jahre später, als Hitler die mörderischen Konsequenzen aus seinem »Bibelverständnis« zu ziehen begann, schrieb Leo Baeck:
»Wenn so diese alte Tradition vor den Blick tritt, dann wird das Evangelium, dieses jüdische, welches es ursprünglich war, zu einem Buche, einem nicht geringen, im jüdischen Schrifttum. Es wird dazu nicht oder nicht nur, weil in ihm Sätze stehen, wie sie uns gleich oder ähnlich in den jüdischen Überlieferungen jener Zeit begegnen. Es wird dazu auch nicht und noch viel weniger, weil aus der griechischen Übersetzung in Wortgebilden und Satzformen immer wieder das Hebräische

---

[119] A.a.O. S. 5.
[120] A.a.O. S. 56, 60, 63.
[121] A.a.O. S. 29 f.
[122] A.a.O. S. 67.

oder Aramäische hervordringt. Es ist ein jüdisches Buch vielmehr deshalb, durchaus und ganz deshalb, weil die reine Luft, die es erfüllt und in der es atmet, die der Heiligen Schrift ist, weil jüdischer Geist, und nur er, in ihm waltet, weil jüdischer Glaube und jüdische Hoffnung, jüdisches Leid und jüdische Not, jüdisches Wissen und jüdische Erwartung, sie allein, es durchklingen – ein jüdisches Buch inmitten der jüdischen Bücher. Das Judentum darf an ihm nicht vorübergehen, es nicht verkennen noch hier verzichten wollen. Auch hier soll das Judentum sein Eigenes begreifen, um sein Eigenes wissen.« [123]

Doch nicht so sehr um das Schrifttum geht es ihm als um die Gestalt des Nazareners, mit dem die Reihe der »Erlöser« in Israel beginnt. Von diesem großen Bogen der »Endzeitverkünder«, der von Jesus bis Sabbatai Zewi nicht weniger als 19 Messias-Anwärter zählt, sagte er anderswo:

»In ihnen war diese große Sehnsucht, die das Ende des Weges heranholen will«, die König sein will, »noch ehe das Reich da ist.« [124]

In einer Welt voll Haß fand Leo Baeck, kurz vor Ausbruch des Zweiten Weltkrieges, Worte, die über alle Wissenschaftlichkeit hinaus echtes Verständnis und Liebe für Jesu Lehre und sein Volk bekunden. Es klingt, als spräche ein Rabbi, über die Jahrtausende hinweg, von einem anderen Rabbi, der wie er, von Liebe zu Israel beseelt und von Heidengewalt bedroht war:

»In dem alten Evangelium, das sich derart auftut, steht ein Mann mit edlen Zügen vor uns, der während erregter, gespannter Tage im Lande der Juden lebte und half und wirkte, duldete und starb, ein Mann aus dem jüdischen Volke, auf jüdischen Wegen, im jüdischen Glauben und Hoffen, dessen Geist in der Heiligen Schrift wohnte, der in ihr dichtete und sann und der das Wort Gottes kündete und lehrte, weil ihm Gott gegeben hatte, zu hören und zu predigen. Vor uns steht ein Mann, der in seinem Volke seine Jünger gewonnen hat, die

[123] A.a.O. S. 70.
[124] Leo Baeck, »Dieses Volk, Jüdische Existenz« II, Frankfurt 1957, S. 198 f.

den Messias, den Sohn Davids, den Verheißenen suchten und in ihm dann fanden und festhielten, die an ihn glaubten, bis daß er an sich zu glauben begann, so daß er nun in die Sendung und das Geschick seiner Tage und in die Geschichte der Menschheit eintrat. Diese Jünger hat er hier besessen, die über seinen Tod hinaus an ihn glaubten, so daß es ihnen Gewißheit ihres Daseins wurde, daß er, wie der Prophet gesprochen, »am dritten Tage von den Toten auferstanden sei«. Einen Mann sehen wir in dieser alten Überlieferung vor uns, der in allen den Linien und Zeichen seines Wesens das jüdische Gepräge aufzeigt, in ihnen so eigen und so klar das Reine und Gute des Judentums offenbart, einen Mann, der als der, welcher er war, nur aus dem Boden des Judentums hervorwachsen konnte und nur aus diesem Boden hervor seine Schüler und seine Anhänger, so wie sie waren, erwerben konnte; einen Mann, der hier allein, in diesem jüdischen Bereiche, in der jüdischen Zuversicht und Sehnsucht, durch sein Leben und in seinen Tod gehen konnte – ein Jude unter Juden. Die jüdische Geschichte, das jüdische Nachdenken darf an ihm nicht vorüberschreiten noch an ihm vorbeisehen. Seit er gewesen, gibt es keine Zeiten, die ohne ihn gewesen sind, an die nicht die Epoche herankommt, die von ihm den Ausgang nehmen will.« [125]

Dreimal wurde Leo Baeck die Möglichkeit geboten, sich und seine Familie durch Emigration zu retten. Dreimal wies er das Angebot, das ihm wie Flucht aus seinem Auftrag schien, zurück. Er wollte als Rabbiner und Lehrer bei seinem Volk bleiben, »solange noch ein einziger Jude in Deutschland geblieben war«, wie er damals an amerikanische Freunde schrieb.

»Was immer ihr einem dieser meiner geringsten Brüder getan habt, das habt ihr mir getan ...« (Mt 25,40).

Im Jahre 1943 kam er als Häftling ins Konzentrationslager Theresienstadt, wo er bis zum Ende der geistige Mittelpunkt blieb, »Leuchtturm in einem Tränenmeer, im Gewoge der Verzweiflung«, wie es in einer Geschichte des Lagers später hieß. In kleinen Lagerräumen, in Holzbaracken und unter freiem Him-

---

[125] »Das Evangelium«, a.a.O. S. 69 f.

mel hielt er Vorträge über Platon und Kant, über Jesaja und Hiob – eine einzige jahrelange Bergpredigt aus der Talsohle der Verlassenheit, die unverzagt und unbeirrbar die Frohbotschaft beider Testamente bezeugte:

»Unser Vater im Himmel ist nicht tot – auch wenn Menschen seines Ebenbildes zu Unmenschen geworden sind!«
Als die Russen Theresienstadt befreiten, gehörte Rabbi Baeck durch Zufall – oder Vorsehung – zu den 9000, die von 140 000 Häftlingen die Leiden des Lagers überlebten.

»Vater, vergib ihnen, denn sie wissen nicht, was sie tun!« (Lk 23,34), betete einst Rabbi Jeschua am Römerkreuz für seine Peiniger. 1945 übte Rabbi Baeck all seinen persönlichen Einfluß aus, um die deutschen Wärter und Wachmannschaften vor Racheakten zu schützen – und sobald er sich geistig und körperlich erholt hatte, gehörte er zu den ersten, die Versöhnung zwischen Deutschen und Juden befürworteten.

Im Jahre 1938, kurz nach der Veröffentlichung von Baecks »Evangelium« in Berlin, erschien in Udine ein 370 Seiten langes Werk, schlicht »Der Nazarener« betitelt, das von einem katholischen Verlag [126] gerade zum Zeitpunkt herausgegeben wurde, als Mussolini, unter Druck von Hitler, seine Rassengesetze bruchstückweise nachzuäffen begann – und eine Anzahl italienischer Juden sich taufen ließ, um Verfolgungen zu entgehen. Der Autor war Italo Zolli, alias Israel Zoller, gebürtig 1881 im damals österreichischen Galizien, der sich in Trieste erst auf den Vornamen Ignazio, dann Italo und hierauf auf Italo Zolli italienisieren ließ. Im Jahre 1932 adoptierte er zu Ehren des hl. Antonius, dessen siebenhundertster Geburtstag damals gefeiert wurde, den Mittelnamen Anton – die vierte, aber nicht die letzte Namensänderung des Rabbiners, der einige Jahre lang an der Universität zu Padua las, ein Posten, der damals die Mitgliedschaft in der faschistischen Partei voraussetzte.

»Der Nazarener« beginnt mit einem Zitat aus dem Johannesevangelium: »Keiner sprach jemals wie dieser Mann«, um dann

---

[126] Institut für akademische Editionen.

im ersten Kapitel nachzuweisen, daß der Beiname »Nazarener« (Mt 2,23) von der aramäischen Wurzel »Predigen« abzuleiten sei, denn »Jesus, der große Redner und Prediger folgte den Bräuchen seiner Zeit, indem er öffentlich predigte und betete«.
Im zweiten Kapitel lesen wir:
»Die Voraussagungen, die Prophezeiung seines Verrates (durch Judas), des Prozesses, der Passion, seines Todes und seiner Auferstehung, sowie die Verfolgungen, die seine Apostel zu leiden haben werden – all dies beweist die göttliche Eigenschaft der Voraussicht Jesu.«
Was Jesu Gespräch mit seinen Jüngern nach dem Letzten Abendmahl betrifft, schreibt Zolli:
»Jesus war niemals größer als zur Zeit, da er das schmerzliche Wort: Es ist genug! über die Lippen brachte«, worauf er fortfährt:
»In der Passion Jesu Christi wird menschliches Leben vergöttlicht ... Der Weg Jesu führt vom Himmel zur Erde. Sein Verweilen auf Erden war nur vorübergehend ... seine Sendung war es, den Anbruch eines neuen Königreiches zu verkünden. Jesus stellt die Hinwendung des Himmels zur Erde dar. Jeremia ist lediglich ein Versuch der Himmelfahrt, ein verzweifelter Aufschrei der Erde gen Himmel. Jeremia will retten; Jesus wünscht zu erlösen ...«
Darauf folgen drei Kapitel, in denen Jesu Mittlertum und seine Heilsbotschaft im Sinne einer liberalen, jedoch katholisch gesehenen Soteriologie erörtert wird. Daß dieses Buch, eines von über zwei Dutzend Schriften Zollis, die die Brücke vom Judentum zur Kirche schlagen wollen, seine Wahl zum Oberrabbiner (»Rabbino Capo«) von Rom nicht vereiteln konnte, ist nur durch den einzigartigen Einfluß des Katholizismus in Italien erklärbar, der in der Heimat der römischen Staatskirche so gut wie alle Sphären des öffentlichen Lebens durchflutet.
»Jesusschwärmer«, wie man sie unter italienischen Juden nennt, sind daher durchaus keine Seltenheit – wohl aber ein Oberrabbiner, der sich am 13. Februar 1945 in Rom öffentlich taufen ließ, um den Namen seines Ehrenpaten, Papst Pius' XII., Eugenio, anzunehmen.

»Die Christusgestalt hat mich seit Jahren angezogen«, sagte er kurz danach und fügte hinzu: »Das ist in mir seit Jahren, schon seit Jahrzehnten vorgegangen.«

Daß er, der seelisch unterwegs zu einer immer eindeutigeren Christologie war, es dennoch fertigbrachte, weiterhin als religiöses Oberhaupt der jüdischen Gemeinden Italiens zu amtieren, sie während schicksalsschwerer Jahre zu beraten und ihr Judesein zu unterstützen, wird bis heute von vielen Juden in Rom als »Verrat« oder »Apostasie« gebrandmarkt. In Fairneß muß festgestellt werden, daß er aus seiner Konversion keinerlei weltlichen Nutzen zog und, zur Zeit der großen Judenrazzia in Rom im Oktober 1943, mit päpstlicher Hilfe zur Errettung von mindestens 850 Juden beitrug. Daß er schon damals von Pius XII. als dem »Heiligen Vater« sprach, in Tönen tiefster Verehrung, hat etliche Augenzeugen jener Schreckensjahre zur Überzeugung des Rabbiners Barry Dov Schwartz gebracht, der folgende Vermutung äußerte:

»Viele (italienische Juden) wurden dazu bewegt, sich nach dem Kriege taufen zu lassen, als Zeichen ihrer Dankbarkeit gegenüber der Institution, die ihr Leben gerettet hatte. Wir dürfen annehmen, daß dies auch der Fall des Oberrabbiners in Rom war.« [127]

Der Zufall – oder die Fügung – wollte es, daß das langsame Heranreifen einer religiösen Überzeugung zur selben Zeit und im selben Lande auch zu umgekehrten Resultaten führte. Kurz nach der Taufe Zollis unterzog sich eine Bauerngemeinde im apulischen Dorf San Nicandro der Beschneidung, um später als Neujuden und Neueinwanderer in Israel ein Dorf in Galiläa zu gründen [128].

---

[127] Rabbi Barry Dov Schwartz, »Conservative Judaism«, Sommer 1964, S. 19.
[128] Die Glaubensodyssee dieser einfachen Hinterwäldler, die dank eines »Dorfpropheten« trotz Faschismus, Gestapo und Umweltverfeindung ihren Weg zum Judentum – und nach Israel – fanden, habe ich in einem Buch: »Der Prophet von San Nicandro«, Berlin 1963, beschrieben.

Es fehlte natürlich nicht an sensationslüsternen Artikeln in der italienischen Presse, die versuchten, eine »theologische Bilanz« zu ziehen, um zu eruieren, ob die römische Kirche nach beiden Konversionen mehr gewonnen oder verloren habe.

Der Zweite Weltkrieg war eine »Wasserscheide« in der jüdischen Geschichte, deren Wirken nur mit der zweiten Tempelzerstörung verglichen werden kann. Er führte auch zu einem Neubeginn in den Wechselbeziehungen zwischen Juden und Christen.
»Das Kreuz gibt mir den Schüttelfrost. Es ragt wie ein böser Bannfluch empor.« So sprach ein jüdischer Freund zu Pater Flannery, dem ersten katholischen Autor einer umfassenden Geschichte des Antisemitismus [129]. Kein Wunder. Von Hitlers Hakenkreuz über das Pfeilkreuz in Ungarn und das rumänische St. Michaelskreuz, gab es nicht weniger als elf »christliche« Parteien im Europa der Zwischenkriegsjahre (1920–1941), deren Gemeinsamkeiten sich im Kreuzsymbol und im Judenhaß erschöpften.
Wer anderseits noch Zweifel an der gemeinsamen Wurzel beider Bibelreligionen hegte, mußte sie im Getto von Wilna verlieren.
»Dort gab es einen Juden«, wie Pfarrer Rudolf Pfisterer berichtet [130], »den die Wachmannschaft zum Spott ›Jud Jesus‹ nannte. Eines Tages ergriffen sie ihn, führten ihn vor das Lager, umgaben sein Haupt mit einer Krone aus Stacheldraht und kreuzigten ihn dann am Lagereingang, um dadurch Juden und Christen gemeinsam zu verhöhnen.«
So führt also von Golgotha ein und derselbe jüdische Passionsweg bis hinein in die Gasöfen von Auschwitz. Judenleid am Heidenkreuz, Judenglaube und Heidenspott! Je weiter der Abgrund, der den Nazarener von den Heidenchristen trennt, um so näher scheint ihn die Paganisierung der Getauften zurück zu seinem Volk zu bringen.

[129] »The Anguish of the Jews«, New York 1965, S. IX.
[130] R. Pfisterer »Juden, Christen – getrennt, versöhnt«, Schriftenmissionsverlag, Gladbeck 1968, S. 50.

Ist dieser am Kreuz verblutende Rabbi nicht die Fleischwerdung von ganz Israel, das wie er, gepeinigt und verhöhnt, immer wieder am Kreuz der Judenfeindschaft ermordet wird? Der erste, der dieser Einsicht plastischen Ausdruck verlieh, war der jüdische Maler Mark Chagall, der in seiner »Kreuzigung in Gelb« Jesus als Rabbiner darstellte, samt seinem Gebetsriemen, im Gebetsmantel des vor Gott stehenden Juden. Doch für die, die Augen haben, leidet an diesem groben Holzkreuz nicht ein Jude, sondern »der Jude«, dessen Pein all seine sechs Millionen ermordeten Brüder und Schwestern umfaßt. Um diese Botschaft noch deutlicher darzustellen, schauen in Chagalls »Weißer Kreuzigung« eine Schar von KZ-Häftlingen, Pogromopfer und jüdische Flüchtlinge zum Kreuz auf, wo der Rabbi betend aufzuschreien scheint: »Eli, Eli lama Asawtani?«
Der Eifer des Galiläers, seine Liebe zu Israel, aber vor allem sein tragischer Tod haben ihn vielen jüdischen Denkern der Auschwitzgeneration nahegebracht. Charakteristisch für das Nachkriegsbild Jesu, das etliche Rabbiner gezeichnet haben, ist der Torah-Prediger, dessen Erlösungsdurst ihn zur politischen Messiasgestalt verwandelte, wie ihn Rabbi Ben-Zion Bokser (* 1907), ein Führer des konservativen Judentums in den USA, zu verstehen sucht:
»Der historische Jesus war ein Sohn seines Volkes, dessen Träume er träumte, dessen Lebensweg er Treue hielt und der den Martyrertod erlitt dank seiner grenzenlosen Hingabe an die Vision der hehren Sendung Israels.«[131]
Rabbi George G. Fox, ein amerikanischer Reformrabbiner, erinnert seine christlichen Freunde daran, daß Juden nicht nur Jesu Brüder »nach dem Fleische« sind, sondern ihm auch »in Glaube und Hoffnung« nahestehen, da es des Nazareners Hauptanliegen war, »eine bessere Welt hienieden durch die Verwirklichung des Himmelreiches auf Erden zu erreichen«. Er fährt fort:
»Diejenigen, die seine Nachfolge antraten, waren selten auch seine Jünger. Daran trägt jedoch der Nazarener keine Schuld.

---

[131] »Judaism and the Christian Predicament«, New York 1967, S. 207.

Seine wahren Jünger kamen meist aus seinem eigenen Volk. Wie er ertrugen sie Peitschenhiebe der Folter und Verfolgung, ohne den Glauben an Gott noch die Hoffnung auf das Reich aufzugeben.« [132]

Einige Rabbinen bezweifeln die Einzigartigkeit Jesu – insbesondere seine Passion und seinen Tod, der zwar eindeutig für sie ein Martyrium darstellt, aber ebenso eindeutig das bittere Los vieler anderer Juden war. So zitiert Rabbi R. Brasch (* 1912), ein Reformrabbiner aus Sydney, Australien, Josephus Flavius bezüglich der »3600 Juden ... die die römische Barbarei auspeitschen und an einem einzigen Tage kreuzigen ließ«, um hierauf festzustellen:

»Als Rom das Heilige Land erobert hatte und ein grausames Terrorregime auf dem jüdischen Volk lastete, erfüllte die Kreuzigung den Zweck der heutigen Füsillade und wurde zum tagtäglichen Geschehen ... Jüdische Bürger, die für ihre Freiheit zu kämpfen wagten, wurden auf solch unmenschliche Weise hingerichtet. Ihre gekreuzigten Leiber, die von Holzkreuzen rings um Jerusalem hingen, waren eine nur allzu häufige Ansicht. Einer dieser gekreuzigten Juden war Jesus. Er war einer von vielen Tausenden, die ihren jüdischen Freiheitsdrang mit dem Leben bezahlen mußten ... In ihrer Herrschsucht, die jedes Aufbegehren gegen ihre Macht in Judäa im Keime ersticken ließ, sahen die Römer in Jesus lediglich einen von zahllosen Rebellen gegen ihre Macht ...« [133]

Rabbi David De Sola Pool (1885–1970), der Sprößling einer berühmten Dynastie orthodoxer Rabbinen aus Portugal, der bis kurz vor seinem Tod an der ältesten Synagoge in New York (»Shearith Israel«) amtierte, hatte keine Schwierigkeit, die Fast-Orthodoxie Jesu zu beglaubigen:

»Jesus lebte als Jude ein volljüdisches Leben und beobachtete die rituellen Satzungen der Torah ... er wuchs unter den Pharisäern auf ... Der Bibeltradition getreu prangerte er die unehrlichen ›Schulterpharisäer‹ an, jedoch von den wahrhaft

---

[132] Rabbi George G. Fox, »The Jews, Jesus and Christ«, Chicago 1953, S. 28.
[133] Rabbi R. Brasch, »The Eternal Flame«, Sidney–London 1958, S. 64.

frommen sagte er: ›Auf dem Lehrstuhl des Mose sitzen die Schriftgelehrten und die Pharisäer. Alles nun, was sie euch sagen, das tut und befolgt!‹ (Mt 23,2 f.) ... Die Religion, die Jesus predigte und praktizierte, war fast ausnahmslos das pharisäische Judentum. Es ist hauptsächlich ihr klassisches Schriftverständnis und ihre Morallehre, die die Bergpredigt geprägt hat.« [134]

»Sollte man mich zwingen wollen, mein Deutschtum von meinem Judentum zu trennen, so würde ich diese Operation nicht lebend überstehen.« Dieses Wort von Franz Rosenzweig, dem großen Heimkehrer ins Judentum, wurde für den Reformrabbiner R. R. Geis (1906–1972) zum allerbittersten Ernst.

Mit der ersten sich bietenden Gelegenheit verließ er Israel, um sein unüberhörbares »Und dennoch!«, das er aus dem Urgestein jüdischen Fühlens hervorholte, Christen und Deutschen ins Gesicht zu schleudern. Daß jüdisches Martyrertum Sinn habe, aller Logik und Historie zum Trotz; daß ein Glaubensdialog mit der Kirche nach Auschwitz nicht nur möglich sei, sondern not tue und daß die ehemalige »ecclesia triumphans« in ihrer neugewonnenen Machtlosigkeit »Gottes Minorität« benötige wie nie zuvor – all das waren die Herzensanliegen von Rabbiner Geis, dessen Theologie ihren Trotz und ihre unauslöschliche Hoffnung aus der Bibel Israels schöpfte.

Als Ökumeniker war er nicht weniger erfreut über den zunehmenden Wissensdurst in christlichen Kreisen betreffs »der jüdischen Wurzeln« der Kirche als über das wachsende jüdische Interesse an Jesus:

»Bedeutsam aber ist es, wenn das Judentum – kaum aus der Angst vor den Kirchen befreit – ein so vielfältiges Ja zu dem Juden Jesus von Nazareth findet, in dem es jüdischen Glauben und jüdische Hoffnung, jüdisches Leid und jüdische Not, jüdisches Wissen und jüdische Erwartung wieder entdeckt und das bei der größten Reserviertheit, wenn nicht Aggression der christlichen Theologie gegenüber dem Judentum.« [135]

---

[134] A.a.O. S. 177 f.
[135] R. R. Geis, »Gottes Minorität«, München 1971, S. 192.

Was den Christusglauben frommer Christen betrifft, sah Geis, nach gut rabbinischer Tradition, den letzten Prüfstein wahrer Religiosität in der Hingabe von Leib und Seele:
»Uns schiene es ebenso respektlos, wollten wir als Juden die Glaubensgewißheit in Jesus Christus übersehen, die gerade in noch nahen Tagen viele den Märtyrertod willig auf sich nehmen ließ, wie es uns unverständlich bleibt, daß ein Martyrium über lange Jahrhunderte ... die Echtheit jüdischen Glaubens nicht bezeugen soll. Über gelebten, erlittenen und erkämpften Glauben läßt sich nicht streiten.«[136]
In Jesus selbst sieht Rabbi Geis den großen Revolutionär: »Jesus ist (in der Verkündung, daß die Heilszeit nahe ist) kein Phantast, kein Fordernder, der menschliche Schwäche übersieht und gnadenlos geringachtet ... es ist ein Revolutionäres sondergleichen, die bisherige menschliche Ordnung wird von Jesus in Frage gestellt. Diese Rede will die Verwandlung dieser Erde. ›Selig ihr Armen, denn euer ist das Königtum Gottes. Selig, die ihr jetzt hungert, denn ihr werdet gesättigt werden. Doch wehe euch, ihr Reichen, denn ihr habt euren Trost schon dahin‹ (Lk 6,20 f.24). In Jesu Worten pulst die eschatologische Ungeduld. Man hört geradezu das gewaltige Vorwärts, vorwärts! Von diesem Revolutionär Jesus wollen neben vielen Juden auch die meisten Religionsverwalter des Christentums eigentlich nichts wissen. Aber das ändert nichts und mindert nichts. Der Mensch der Barmherzigkeit, der Stifter von Gerechtigkeit und Frieden tritt hervor. Macht und Gemächte der bisherigen Welt schwinden dahin. Ja, so ›ver-rückt‹ kann die Forderung an den Menschen im Hinblick auf das Kommen des Gottesreiches werden, daß man das Leben im Reiche Gottes schon in einer Welt zu leben beginnt, die noch nicht dafür bereit ist. Die Bergpredigt ist eine einzige große Vorwegnahme. Dabei darf auch nicht für die Länge eines Augenblicks vergessen werden: Jesus ist Jude, er spricht allein die Sprache seines Volkes. *Malchuth Schamajim,* wörtlich übersetzt: Das Königreich des Himmels, meint nur und allein das Königtum Got-

---

[136] A.a.O. S. 192 f.

tes auf Erden. Himmel steht nur da, weil man als Jude den Namen Gottes sich zu nennen scheut und dafür Himmel setzt. Als Jude meint Jesus mit Erlösung einen öffentlichen Akt auf dem Schauplatz der Geschichte, und erst auf Grund dieser Tatsache steigt die Erlösung der einzelnen Seele auf. Wer in der Bergpredigt fragt: ›Ist nicht das Leben mehr als die Speise und der Leib mehr als das Kleid?‹, der läßt sich nicht in ein Jenseitiges abschieben und damit sein gewaltig forderndes Reden entschärfen. Nur dies geht uns bei Jesu Predigt an, es ›interessiert‹ uns nicht, nein, es packt uns an. Einer steht auf, um das von den Propheten Verkündete bis zum Heilsbeginn vorzutreiben, um uns allen, ob Christen oder Juden, ein Menschenbild einzubrennen, das uns nie mehr zufrieden sein lassen dürfte mit dem Menschen – wie er ist. Christen und Juden mögen den Kopf schütteln...«

Nachdem er zustimmend seine Lehrer, Rabbi Leo Baeck, Martin Buber und David Flusser, zitiert, die auf verschiedene Weise Jesu Platz in der Glaubensgeschichte Israels betonen, kommt er zur optimistischen Schlußfolgerung: »Hinter diese deutlichen Markierungen dürfen wir Juden selbst in ängstlich-enger Zeit nicht zurückdrängen. Wir sollen es um so weniger, weil in der christlichen Welt ein Neubesinnen anhebt und, wenn nicht alles täuscht, die Heilsbotschaft Jesu für das Reich Gottes auf Erden in seiner Konkretheit und Direktheit wieder hörbar wird. Das langgehegte, fast alleinige Interesse am religiösen ›Ich‹ verblaßt zugunsten des Gottesreiches...«[137]

»Ein jüdisches Verständnis des Neuen Testaments«[138] vermittelt höchstwahrscheinlich die erste, rein wissenschaftliche Untersuchung des Kirchenkanons, die bis heute von einem Rabbiner unternommen worden ist. Sein Autor, Reformrabbiner Samuel Sandmel (* 1914), ist Provost und Professor für Bibel und hellenistische Literatur am Hebrew Union College in Cincinnati, wo er mit Recht für seine klaren Definitionen schwieriger Theologumena bekannt ist.

[137] A.a.O. S. 227 f.
[138] Samuel Sandmel, »A Jewish Understanding of the New Testament«, New York 1960, 3. Auflage.

»Das Neue Testament«, heißt es in seinem ersten Kapitel, »ist eine Glaubensurkunde, das Produkt einer Glaubensgemeinde, die überzeugt war, sie habe Anteil an Gottes Offenbarung. In diesem Sinne ist es nicht Geschichte, obwohl historisches Material in ihm vorhanden ist. Es ist kein Märchenbuch, obwohl Legenden in ihm zu finden sind. Es ist vielmehr ein Zeugnis für die Annahme, daß Gott alles zu tun vermag, und berichtet daher die Ereignisse, an deren Wirklichkeit es glaubt.« [139]

Worauf Rabbi Sandmel die Frohbotschaft aus jüdischer Sicht beleuchtet:

»Der wahre Genius des Neuen Testaments ist es, daß es wie die rabbinische Halacha den Willen Gottes zu erörtern sucht. Genau wie die hebräische Bibel und der Talmud vergegenwärtigt es ein Israel, das eine Glaubensgemeinschaft darstellt – die Kirche. Spezifisch für das Neue Testament ist seine volle Hingabe an den Glauben; nicht nur der Glaube, der der Ausdruck persönlicher Überzeugung ist, sondern der Glaube, wie ihn die Kirche übermittelt, die diese Schriften sammelte, bewahrte und heiligsprach. Diese Verherrlichung des Glaubens ist die Stärke dieses Neuen Testaments, aber auch seine hauptsächliche Schwäche.« [140]

Die »nackten Tatsachen« über Jesus kann er (auf englisch) in neun lapidare Zeilen zusammenfassen:

»Jesus, der die öffentliche Aufmerksamkeit in Galiläa auf sich zog, als Herodes Antipas dort als Vierfürst herrschte, war eine wirkliche Persönlichkeit – der Führer einer Volksbewegung. Er gewann Jünger, die ihm folgten. Es wurde der Anspruch gestellt, entweder von ihm oder für ihn, daß er der langerwartete jüdische Messias sei. Er begab sich von Galiläa nach Jerusalem, wahrscheinlich um das Jahr 29 oder 30, wo er von den Römern als politischer Umstürzler gekreuzigt wurde. Nach seinem Tode glaubten seine Jünger, daß er von den Toten auferstanden und in den Himmel gefahren sei, von wo er zur

---

[139] A.a.O. S. 9.
[140] A.a.O. S. 314.

rechten Zeit auf die Erde zurückkehren werde, um das Jüngste Gericht über die Menschheit zu halten.«[141]

Nicht weniger objektiv und jeder Apologetik abhold ist Reformrabbiner Morris Goldstein (* 1904) aus San Francisco, dessen Sammelwerk »Jesus in der jüdischen Tradition«[142] ihm zur Doktorwürde am Hebrew Union College verhalf. Der Zweck seiner Dissertation ist es, die Antworten auf zwei Kernfragen zu finden, die in ihrer unzertrennlichen Widersprüchlichkeit bis heute die Theologie überfordern: Warum kam Jesus im Volke Israel zur Welt? Und warum wies Israel seine Lehre zurück?

Auf die persönliche Frage, warum ein Rabbiner fast acht Jahre seines Lebens der Leben-Jesu-Forschung widmete, hat Rabbi Goldstein vier Antworten:

»Um ein klareres Verständnis des Judentums zu erarbeiten ... um Studenten des Christentums historisches Quellenmaterial zu erschließen ... um das christlich-jüdische Gespräch zu fördern und ... um eine Geschichte der jüdischen Einstellungen zu Jesus in historischer Kontinuität herauszukristallisieren.«[143]

Da Rabbi Goldsteins Text-Analyse jedoch nur bis zum Ende des 18. Jahrhunderts reicht, das er mit Recht »das Ende des jüdischen Mittelalters« nennt, haben seine Forschungsergebnisse heute nur fragmentarischen Wert und sind zum Teil überholt.

Weniger zurückhaltend, aber um so aktueller ist Rabbi Morris Goldsteins Bruder, Rabbiner Israel Goldstein, eine der führenden Gestalten des konservativen Judentums in Amerika und Mitgründer der »National Conference of Christians and Jews« in den USA. In einer Predigt (1972) vor seiner Benej-Jeshurun Gemeinde in New York, die er »Die Ansicht eines Juden über Jesus« benannte, meditiert er, was wohl Jesu leibliche Brüder von ihm halten würden, wenn die Christen seine Nachfolge ernst genommen hätten:

»Es ist ein Gegenstand, der des Nachdenkens wert ist – wie würden die Juden heute zu Jesus stehen, wenn jüdische Ge-

---

[141] A.a.O. S. 33.
[142] New York 1950.
[143] A.a.O. S. 3, 5, 9–14.

meinden nicht immer wieder in seinem Namen gekreuzigt worden wären, zu allen Zeiten der sogenannten christlichen Zivilisationen. Ich nehme an, die Juden würden meinen, er sei ein charismatischer Lehrer gewesen, der den Geist der Torah, nicht ihren Wortlaut, betonen wollte; der gegen das Establishment seiner Tage rebellierte; der unter den Armen und Unterdrückten verkehrte ... und der aus ganz verständlichen Gründen von den religiösen Obrigkeiten als Bedrohung des jüdischen Volkswesens und seines Überlebens verstoßen wurde, da sie die Gesetzlichkeit als besten Garanten der nationalen Existenz betrachteten. Im christlichen Bewußtsein ist Jesus der, wozu ihn Jahrhunderte von Mythologisierung gemacht haben.
Im jüdischen Bewußtsein ist Jesus der, wozu ihn die Kirche gemacht und die Verfolgungen, die sie in seinem Namen begangen hat.«[144]
Bei der Eröffnung der zweijährlichen Konferenz der amerikanischen Reformrabbiner, die im November 1963 in Chicago stattfand, erließ ihr Präsident, Rabbiner Morris N. Eisendrath, einen alarmierenden Aufruf für eine Neubewertung der Rolle Jesu als Rabbi – »der Mann Jesus, nicht Christus!«, wie er alsbald mit Nachdruck hervorhob. In der Eröffnungsrede sagte er seinen rund 760 Kollegen:
»Sollen wir stillstehen, um, wie die Orthodoxie, jedwede Überprüfung unserer Deutungen des Lebens Jesu, des Juden, zu verweigern? ... Wie lange noch können wir seine erhabenen und doch so einfach formulierten prophetischen und rabbinischen Lehren ignorieren, lediglich weil er vieles wiederholte, was die Propheten vor ihm und die Rabbinen seiner Zeiten gepredigt hatten? War Micha geistig und moralisch origineller als Amos und Hosea? Macht sich keiner der Rabbinen, die wir hochschätzen und deren Lehrsprüche wir unseren Kindern einprägen, der Wiederholung schuldig? ... Wie lange wird es noch dauern, bis wir zugeben, daß sein Einfluß segensreich war – nicht nur für die Heiden, sondern auch für die Juden seines

---

[144] Vom Originaltext der Predigt, für den ich Rabbi Israel Goldstein danke.

Zeitalters und daß nur jene, die später seinen Namen mißbrauchten, auch seine Lehre entweihten? ... Ich hoffe, daß wir, die älteste der Religionen dieser Erde, genügend in Selbstsicherheit und im Glaubensverständnis gereift sind, um nun Jesus zu geben, was Jesus gebührt ... Ich empfehle daher, daß unsere Kommission für interkonfessionelle Angelegenheiten eine Studie dieser dringlichen Frage unternehme, als tatkräftigen Beitrag zu jener Ökumenizität, die wir von anderen verlangen.«[145]

Die einzige Dissonanz – für hellhörige jüdische Ohren – liegt in den Worten, die zwar in Chicago vor Rabbinen geäußert wurden, aber an Bischöfe in Rom adressiert waren, wo zur Zeit das II. Vatikanische Konzil in leidenschaftlicher Polarität um das sogenannte »Judenschema« rang:

»Während das meiste, das sich jetzt unter der prächtigen Kuppel Michelangelos abspielt, innerkirchliche Angelegenheiten betrifft, ist die Arbeit des Sekretariats für christliche Einheit... von besonderem Interesse für Juden, Protestanten und andere Nicht-Katholiken ... Wir Juden lenken unsere Aufmerksamkeit insbesondere auf dieses Organ der Kirche, in der Hoffnung, daß aus seinen Bemühungen endlich jene langerwartete Neubewertung der Beziehungen der Kirche zu Juden und Judentum entspringen möge.«[146]

Worauf Rabbi Eisendrath einen Vorschlag einbrachte, der fast wie ein theologischer Tauschhandel klang: die Anerkennung Jesu für die Verwerfung des »Deicids«:

»Der Geist ist beschwingt, das Gemüt entfacht durch die Aussicht des amtlichen Widerrufs jener uralten Gottesmord-Anklage durch die katholische Kirche, die gegen das jüdische Volk erhoben wurde ... Interkonfessionelles Verständnis, das auf gegenseitigem Respekt beruht, ist keine Einbahnstraße mehr. Wir Juden haben seit langem diese unabdingbare Änderung in der katholischen Predigt und Exegese gefordert. Wie steht es

---

[145] Morris Eisendrath & James Parkes, »Jewry and Jesus of Nazareth«, Church End, Britain 1964, S. 6.
[146] A.a.O. S. 5.

nun um unsere jüdische Einstellung zum Christentum, insbesondere aber zu Jesus?«[147]

James Parkes, der im Jahre 1964 die Eisendrath-Initiative in seinem Buch »Die Judenheit und Jesus von Nazareth« im Volltext veröffentlichte, nimmt als anglikanischer Priester, Judaist und Ökumeniker eine Stellung ein, die von zahlreichen Rabbinen in England, Kanada und den USA begrüßt wurde:

»Es mag vielleicht die historische Herausforderung des Vorschlages, den Rabbiner Eisendrath unlängst gemacht hat, verdeutlichen, wenn ich behaupte ... daß die Christenheit zuerst den Sinai wiederentdecken muß, ehe wir von Juden erwarten dürfen, Jesus überhaupt entdecken zu wollen ... Im Namen Jesu haben Juden tausendjährige Verfolgungen und Ungerechtigkeiten erlitten. In seinem Namen sind sie zu Tausenden und Abertausenden ermordet worden. In seinem Namen wurden sie zur Taufe gezwungen und ihrer Kinder beraubt. Christen hingegen haben nie im Namen des Sinai gelitten, noch wegen der Torah Verfolgungen erfahren. Es ist daher nur recht und billig, daß der erste Schritt zur Annäherung von christlicher Seite kommen muß – und nicht nur in Worten.«[148]

Der Vorschlag Eisendraths und ähnliche Initiativen von seiten einiger Reformrabbiner führten zum erneuten Aufflackern christlicher Missionshoffnungen, denen der kürzlich verstorbene Jean Cardinal Daniélou SJ beredsamen Ausdruck verlieh. Nachdem er mit Genugtuung feststellen konnte, daß »einige der besten Bücher über Jesus«, die in den letzten Jahren veröffentlicht wurden, »von Juden verfaßt worden sind«, wunderte sich der Kirchenfürst öffentlich, warum Juden nicht noch einen Schritt weitergehen wollten, um »in Jesus die Erfüllung des Gesetzes anzuerkennen«[149].

Jacob B. Agus (* 1911), ein bekannter Reformrabbiner, der auch einen theologischen Lehrstuhl an der Temple University in Philadelphia innehat, benützte das Recht der Antwort, das

---

[147] A.a.O. S. 5 f.
[148] A.a.O. S. 8.
[149] Jean Daniélou, »Dialogue with Israel« – with a response by Rabbi Jacob B. Agus, Baltimore 1968, S. 69–74.

ihm geboten wurde, um grundlose Illusionen zu zerstreuen:

»Von Juden zu erwarten, sie mögen in Jesus die Erfüllung des Gesetzes anerkennen, ist ein Schulbeispiel des Unsinns, der den subjektiven Glaubensinhalt einer Religion der subjektiven Glaubensstruktur einer anderen Religion aufnötigen will ... Im Privatbereich religiöser Gefühle und Symbole bedarf ein Vergleich solcher katholischen Begriffe wie ›Jesus‹, ›Erfüllung‹ und ›Gesetz‹ der Tiefenanalyse. Ferner ist es nötig, die Bedeutungen zu erforschen, die Juden dem Begriff ›Torah‹ zumessen. Dann erst müßte man eine der zahlreichen, historischen Jesusversionen wählen oder eines der verschiedenen christlichen Jesusbilder, um das Ausmaß von ›Erfüllung‹ in bezug auf Jesus und Torah ermessen zu können. Es wäre sicherlich leichter, geometrische Figuren in eine nicht-euklidische Welt zu transferieren.«[150]

Gerade solche Stimmen jedoch, die die Breite des Abgrunds der Mißverständnisse zwischen Juden und Christen unterstreichen, beweisen die Dringlichkeit, einen sachlich geprägten Glaubensdialog anzubahnen. Nachdem fast zwei Jahrtausende alles Trennende überbetont wurde, ist es an der Zeit, nun auch die gemeinsamen Wurzeln zur Sprache kommen zu lassen.

Das ist das Anliegen des Berner Rabbiners Roland Gradwohl (* 1931) in seinem Rechenschaftsbericht »Das neue Jesusverständnis bei jüdischen Denkern der Gegenwart«[151]. Indem er jedweden Synkretismus verwirft und, wie Martin Buber, vor der »Erschwindelung künstlicher Gemeinsamkeiten« warnt, betont er dennoch in seinem Schlußwort:

»Jesus ist eine unübersehbare Gestalt der jüdischen Glaubensgeschichte ... Den verschiedenen Positionen zum Trotz muß mehr denn je der jüdisch-christliche Dialog gefördert werden. Jesus ist gleichsam die Klammer, die Juden und Christen verbindet und sie in gegenseitiger Respektierung das gemeinsame

---

[150] A.a.O. S. 119 f.
[151] Roland Gradwohl, »Das neue Jesus-Verständnis bei jüdischen Denkern der Gegenwart«, in: Freiburger Zeitschrift für Philosophie und Theologie, Band 20, 1973, Heft 3, S. 306–323.

Ziel avisieren läßt: die Bruderschaft aller Menschen in einer Welt des Friedens und der Sicherheit – im Glauben an Gott und den Sinn des Lebens.« [152]

Noch selten, aber unüberhörbar sind die Stimmen orthodoxer Rabbiner, die Jesus nicht nur als jüdischen Bruder, sondern auch als Rabbi anerkennen. So z. B. schreibt Rabbiner Jacob Posen aus Zürich:

»Man erkennt immer mehr, wie sehr das Christentum im Judentum beheimatet war und wie die Lehren Jesu unverständlich bleiben müssen, wenn man sie des historischen Hintergrundes beraubt. Denn, weit davon entfernt, ein Gegner der Pharisäer zu sein, war Jesus selbst ein Rabbi, dessen geistige Vorstellungen mit der pharisäischen Richtung keineswegs als unvereinbar zu gelten haben.« [153]

Darauf zitiert der Rabbiner die Worte des jüdischen Religionshistorikers Hans Joachim Schoeps aus Erlangen:

»Das Judentum wartet auf den kommenden Messias, das Christentum auf den wiederkehrenden Christus. Es könnte sein, daß der Messias, auf den die Synagoge wartet, und der wiederkehrende Christus, dem die Kirche entgegensieht, die gleichen Züge tragen.«

Messianisch möglicherweise vereint, bleiben Juden und Christen vormessianisch getrennt – und auch Jesus, neubewertet und entmythologisiert, ist nicht imstande – oder noch nicht –, die Brücke zwischen seinen Brüdern und seinen Jüngern zu schlagen. Das will Rabbiner Samuel Sandmel in seinem fünften Buch »Wir Juden und Jesus« mit Nachdruck verdeutlichen – auch wenn es manchen Ökumeniker schmerzlich berühren mag:

»Ich muß klar und eindeutig feststellen, daß Jesus mich in meinem Glauben nicht tangiert ... Manche Christen behaupten, sie sähen im Christentum, mit Jesus als Kern und Mitte, eine Vollkommenheit, die ihnen im Judentum abgeht. Ich bin mir keiner solchen Unvollkommenheit bewußt, denn mein Ju-

---

[152] A.a.O. S. 323.
[153] Rabbiner Dr. Jacob Posen, »200 Jahre christlich-jüdischer Dialog«, in: Christlich-jüdisches Forum, Basel, Februar 1971, S. 24.

dentum, wie ich es fühle und verstehe, bedarf keiner Ergänzung...«[154]

So scheint also der alte Gegensatz zwischen dem »Jesus der Juden« und dem »Christus der Christen« einen theologischen Waffenstillstand einzugehen, der zwar weit entfernt vom Gegeneinander des Mittelalters, jedoch ebenso weit vom Miteinander der Glaubensökumene liegt, die der Nazarener der Evangelien so sehnlich anstrebte.

Es sei denn, neue Einsichten kämen aus dem Lande der Bibel, wo alles begann.

»Seit das neue Israel des Zionismus Gestalt angenommen hat, entwickelt sich ein besonderes Interesse an Jesus. Das will nicht, dem Wunschdenken christlicher Theologen gemäß, eine Hinwendung zur Kirche bedeuten. Es bezeugt jedoch, daß in der freien Atmosphäre Israels sich eine neue Einstellung zu Jesus, unbehindert von mittelalterlicher Polemik und Wortgefechten, schrittweise entfaltet. Es entspricht der logischen Erwartung, daß in der Heimat Jesu, aus der die christliche Botschaft einst hervorging, ein tiefes Interesse der Juden an ihm entstehen muß.«[155]

So schrieb Reformrabbiner David Polish (* 1910), ein Vizepräsident der Zentralkonferenz der amerikanischen Reformrabbiner, in einem Buch, das seine Annahme mit einer imposanten Reihe von Zitaten aus der neuhebräischen Literatur erhärtet.

Im Rahmen seiner Theologie befaßte sich auch Abraham Isaac Kook (1865–1935), der erste Oberrabbiner von Palästina, ein Bollwerk der Orthodoxie und weltberühmt durch seine religionsgesetzlichen Entscheidungen, mit dem Problem Christentum.

In einem Essay, »Der Weg zur Wiederbelebung« betitelt, der 1909 zum ersten Mal erschien, skizzierte er den Grundriß seiner Weltanschauung:

»Die Macht, die unserer Welt den Weg zum Guten weist, ist

---

[154] Samuel Sandmel, »We Jews and Jesus«, London 1970, S. 111.
[155] »The Eternal Dissent«, New York 1961, S. 207.

eine geistige Einstrahlung aus der göttlichen Quelle, die zuerst von wenigen außergewöhnlichen Individuen erfahren wird, die es dann der Gesellschaft übermitteln. Falls diese Erleuchtung jedoch nicht auf moralisch und geistig veredelten Wurzelgrund im menschlichen Mittler stößt, besteht die Gefahr, daß die aus göttlicher Quelle fließende Energie abgelenkt wird, um dann zu götzendienerischer Verirrung zu werden. Immer wenn das Studium der Heiligen Schrift und die Beschäftigung mit der rabbinischen Gesetzlichkeit übertrieben wurden, um zum einzigen Ausdruck des jüdischen Lebens zu werden, verkümmerten Vision und Erleuchtung. Die Gefahr solcher Verkümmerung lag meistens in der Reaktion, die sie hervorrief, z. B. im Aufstieg des Christentums und in pseudomessianischen Bewegungen wie der des Sabbatai Zwi und des Jakob Frank.«[156]

Wie dem auch sei, betont Rabbi Kook, ein authentisches Element von Geistigkeit wohnte auch Jesus inne. Die Passage, die sich mit dem Galiläer beschäftigt, lautet nach dem hebräischen Original wie folgt:

»In solch einer Epoche der Schwäche entstand das Christentum, das dem jüdischen Volk schweren Schaden zugefügt hat. Sein Gründer war eine charismatische Persönlichkeit, die großen Einfluß auszustrahlen vermochte. Er entging jedoch nicht dem Makel der Idolatrie, als Resultat der Intensität seiner geistigen Ausstrahlung ... So widmeten er und seine Jünger sich ausschließlich der Förderung eines geistigen Lebens, so daß sie bald ihre jüdischen Charakteristika verloren und sich in Tat und Wort jenen Quellen entfremdeten, aus denen sie ursprünglich stammten.«[157]

Rabbi Kook betont in seinen weiteren Ausführungen, daß »das kleine Element des ›Guten‹, das Jesus innewohnte, nie ganz verlorenging, sondern zu einer ›seelischen Erneuerung‹ führen konnte und zu einem durchaus nötigen Protest gegen ein Judentum, das allzu einseitig ›vom Studium der Texte ... und

---

[156] Vgl. Rabbi Bension Bokser, »Rav Kook: The Road to Renewal«, in: »Tradition«, New York, Winter 1973, S. 137–139.
[157] Oberrabbiner A. I. Kook, »Der Weg zur Erneuerung«, in: »Nir« (hebräisch), Jerusalem 1909, S. 7.

der praktischen Beobachtung der religiösen Satzungen‹ abhing«[158].

Soweit ich feststellen konnte, sind zahlreiche Rabbinen im heutigen Israel gerne bereit, das Christentum zu diskutieren, an Glaubensgesprächen teilzunehmen und christlich-jüdische Zusammenarbeit zu fördern. Die Gedanken Rabbi Kooks weiterzudenken und neue Schlußfolgerungen schriftlich niederzulegen, hat jedoch bislang keine rabbinische Feder in Israel unternommen. Vielleicht sind die Kreuzwunden noch nicht vernarbt, die Gasöfen in noch zu lebhafter Erinnerung. Noch ist kein neuer Maimonides, kein zweiter Saadja in Jerusalem hervorgetreten. Dazu bedarf es einer längeren Zeit des Friedens und der Ruhe, als Israel bis heute vergönnt war. Vielleicht mag der nächste Schritt zur Bibelökumene aus Amerika kommen, wo unlängst ein bekannter Reformrabbiner und ein katholischer Theologe ein gemeinsames Handbuch für Glaubensgespräche verfaßt haben, in dem das Kapitel »Jesus« mit folgenden Worten beginnt:

»Außer der hebräischen Bibel und anderen Werten, die mit Juden in Eintracht verehrt werden, haben Christen ein weiteres Band mit dem Judentum in der Person Jesu, seiner Mutter, aller Apostel und der meisten Urchristen. Jesus Christus war ein Jude. Da Christen glauben, daß Jesus der Mensch gewordene Gott ist, glauben sie daran, daß Gott in einem Juden Mensch wurde. Mit anderen Worten, Christen beten einen Juden an. Und Jesus war kein lauwarmer, entwurzelter Jude. Wie seine Stammbäume bezeugen, war er jüdischer Abstammung; er las die Heilige Schrift, studierte und betete mit den Rabbinen in der Synagoge und glaubte leidenschaftlich an Gottes Verheißungen. Er stand zweifelsohne mitten im Hauptstrom der jüdischen Tradition der Propheten. Christen glauben natürlich, daß er mehr als ein Prophet gewesen sei, aber das mindert in keiner Weise sein Judentum. Jesus sagte ja selbst: ›Das Heil kommt aus den Juden (Joh 4,22).‹«[159]

---

[158] A.a.O., S. 8 f.
[159] Dr. Leonhard Swidler & Rabbi Marc H. Tannenbaum, »Jewish-Christian Dialogues«, Washington D. C. 1966, S. 6 f.

➡ Judentum

Israel M. Lau
Wie Juden leben
Glaube – Alltag – Feste.
Aufgezeichnet und redigiert von
Schaul Meislisch. Aus dem
Hebräischen übertragen von
Miriam Magall. 4. Auflage.
XVIII/395 Seiten. Geb.
[3-579-02155-9]

In diesem Buch wird dargestellt, was Juden glauben, worin ihr Judentum zum Ausdruck kommt und wozu es sie verpflichtet. In verständlicher Weise wird beschrieben, wie das Judentum praktisch gelebt wird, wie der jüdische Glaube das alltägliche Leben in Familie und Synagoge bestimmt und auf welchen Ideen und Ansichten er beruht.

Postfach 450 · 33311 Gütersloh
Tel. (05241) 7405-41 · Fax 7405-48
Internet: http://www.guetersloher-vh.de
e-mail: info@guetersloher-vh.de